C.H.BECK ■ WISSEN

in der Beck'schen Reihe

W0193801

Für alle diejenigen Leser, die Spanien nicht nur als sonniges und preiswertes Urlaubsland ansteuern, bietet der vorliegende Band einen Überblick über die wechselvolle Geschichte des Landes von der Entstehungszeit des heutigen Spaniens unter den Katholischen Königen bis zur gegenwärtigen parlamentarisch-demokratischen Monarchie unter König Juan Carlos I.

Neben den großen historischen Ereignissen – die Entdekkung Amerikas, der Aufstieg Spaniens zur Weltmacht, das Reformationszeitalter, die Krise des Ancien Régime, Militärputsche, Diktaturen und die Franco Ära – stellt der Autor auch die gesellschaftliche, kulturelle, wirtschaftliche und politische Entwicklung, vor allem der letzten zwei Jahrhunderte, dar.

Walther L. Bernecker, Dr. phil., Professor, geb. 1947, Studium der Geschichte, Germanistik und Hispanistik an der Friedrich-Alexander-Universität Erlangen-Nürnberg, 1973–1977 und 1979–1984 Mitarbeiter am Lehrstuhl für Neuere Geschichte der Universität Augsburg, 1984/85 „Visiting Fellow" am „Center of Latin American Studies" der University of Chicago, 1986 Habilitation, 1988–1982 Lehrstuhl für Neuere Geschichte an der Universität Bern, seit 1992 Lehrstuhl für Auslandswissenschaft an der Universität Erlangen-Nürnberg.

Neuere Veröffentlichungen (u. a.): *Spaniens Geschichte seit dem Bürgerkrieg.* München 3. Aufl. 1997; *Sozialgeschichte Spaniens im 19. und 20. Jahrhundert.* Frankfurt 2. Aufl. 1991; *Krieg in Spanien* 1936–1939. Darmstadt 1991, Lizenzausgabe Darmstadt 1997, span. Ausg. Madrid 1996; (zus. mit H. Pietschmann) *Geschichte Spaniens seit dem Mittelalter.* Stuttgart 2. Aufl. 1997; (Mit-Hg.) *Spanien heute.* Frankfurt 3. Aufl. 1998.

Walther L. Bernecker

SPANISCHE GESCHICHTE

Vom 15. Jahrhundert
bis zur Gegenwart

Verlag C. H. Beck

Mit zwei Karten

Die Deutsche Bibliothek – CIP-Einheitsaufnahme

Bernecker, Walther L.:
Spanische Geschichte : vom 15. Jahrhundert bis zur Gegen-
wart / Walther L. Bernecker. – Orig.-Ausg. – München :
Beck, 1999
   (C.H. Beck Wissen in der Beck'schen Reihe ; 2111)
   ISBN 3 406 43311 1

Originalausgabe
ISBN 3 406 43311 1

Umschlagentwurf von Uwe Göbel, München
© C.H. Beck'sche Verlagsbuchhandlung (Oscar Beck), München 1999
Gesamtherstellung: C.H. Beck'sche Buchdruckerei, Nördlingen
Gedruckt auf säurefreiem, alterungsbeständigem Papier
(hergestellt aus chlorfrei gebleichtem Zellstoff)
Printed in Germany

Inhalt

Vorwort

Eine „Geschichte Spaniens" auf knappem Raum muß sich auf die Herausarbeitung der allgemeinen Entwicklungslinien und die Hervorhebung spezifischer Strukturmerkmale konzentrieren. Die folgende Überblicksdarstellung betont daher die Grundzüge spanischer Geschichte, das Besondere in Vergangenheit und Gegenwart; sie muß zwangsläufig auf viele Detailaspekte verzichten. Im wesentlichen wird eine chronologische Darstellung geboten, da diese Form die historische Eigenentwicklung in den unterschiedlichen Phasen und Epochen leichter verständlich macht. Innerhalb der einzelnen chronologischen Abschnitte wird allerdings problemorientiert-strukturell vorgegangen. Wo möglich und nötig, wird auf die gemeineuropäische Geschichte verwiesen; damit wird deutlich gemacht, daß die spanische Geschichte nur im Kontext der europäischen verständlich wird. Von den folgenden zehn Kapiteln beziehen sich die ersten fünf auf die Zeitspanne von der Gründung der Monarchie im ausgehenden Mittelalter bis zur Krise des Ancien Régime, umfassen somit etwas über 300 Jahre; die zweiten fünf befassen sich mit der neueren Geschichte des Landes im 19. und 20. Jahrhundert, der somit anteilmäßig mehr Raum als der Frühen Neuzeit eingeräumt wird. Aus dieser Schwerpunktverteilung ergibt sich für den ersten Teil eine komprimiertere Darstellungsform. Die Geschichte des hispanoamerikanischen Kolonialreiches wurde nur dann einbezogen, wenn sie für das Verständnis der Entwicklung Spaniens erforderlich war.

I. Die Grundlegung des Reiches (15. Jahrhundert)

Der spanische Teil der Iberischen Halbinsel gehörte während des Mittelalters großteils zum islamischen Herrschaftsbereich. In seinem christlichen Norden zerfiel er in mehrere unabhängige Königreiche, die ab dem 13. Jahrhundert nach Ausweitung strebten. So nahm das wirtschaftlich und politisch führende Kastilien im Verlauf des 14. Jahrhunderts die Kanarischen Inseln in Besitz und kündigte dadurch seine Konkurrenz gegenüber portugiesischen Ansprüchen an.

Noch im frühen 15. Jahrhundert war nicht abzusehen, daß die verschiedenen Reiche auf der Iberischen Halbinsel in vorhersehbarer Zeit eine Einheit bilden würden. Das Königreich Kastilien war durch innere Wirren geschwächt und konzentrierte seine Energien auf die Fortführung der *Reconquista* [Rückeroberung], den seit Jahrhunderten andauernden Kampf zwischen Christen und Muslimen; den Ländern der Krone von Aragonien ging es vor allem um die Sicherung außeriberischer Interessen, vornehmlich in Süditalien; das Königreich Navarra im Norden der Halbinsel war um die Bewahrung seiner Unabhängigkeit bemüht; Portugal hatte sich seit Jahrhunderten im atlantischen Raum engagiert und zu jenem Zeitpunkt bereits eine Art Nationalbewußtsein entwickelt; und das im Süden gelegene, maurische Emirat Granada war das letzte islamische Reich auf der Halbinsel, gegen das Kastilien seit Jahrzehnten einen hinhaltenden Abnützungskrieg führte.

Von den fünf Reichen war Kastilien zweifellos das bedeutendste; ihm gehörten große Teile des Nordens, das Zentrum und der ganze Südwesten der Halbinsel. Kastilien umfaßte zwei Drittel des spanischen Gesamtterritoriums und hatte mit sechs Millionen mehr als sechs mal soviel Einwohner wie Aragonien. Lange Zeit wurde das entstehende moderne „Spanien" mit Kastilien gleichgesetzt. Während dieses schon weitgehend einheitsstaatlich organisiert war, stellte die Krone von Aragonien eine Art Föderation mit Katalonien, Valencia und Mallorca dar; auch Sizilien, Neapel und Sardinien gehörten zur Krone von Aragonien.

Seit den 60er Jahren des 15. Jahrhunderts tobte in Kastilien ein Erbfolgekrieg, in dem es zum einen um die Frage ging, wer nach dem Tod Heinrichs IV. aus dem Haus Trastámara den Thron besteigen würde; zum anderen stand machtpolitisch das Verhältnis zwischen Monarchie und Adel zur Debatte. 1468 wurde in dieser Auseinandersetzung die damals erst 17jährige Isabella, die Halbschwester König Heinrichs IV. (1454–1474), von der kastilischen Adelspartei als Thronerbin ausersehen; vorerst mußte sie sich allerdings der Autorität ihres königlichen Halbbruders unterwerfen. Dieser schloß dafür seine eigene Tochter Johanna (*Juana la Beltraneja*) von der Thronfolge aus. Bereits ein Jahr später (1469) heiratete Isabella unter größter Geheimhaltung Ferdinand, den Sohn von König Johann II. (1458–1479) von Aragonien und Thronfolger im Nachbarkönigreich; damit war die entscheidende Weichenstellung für die spätere Einigung Spaniens vollzogen. Schon Anfang 1469, Monate vor der Eheschließung, hatte sich Ferdinand in einem Abkommen verpflichtet, alle zukünftigen Erlasse gemeinsam mit Isabella zu unterzeichnen und in sämtlichen politisch wichtigen Fragen mit ihr zusammenzuarbeiten.

Beim Tode ihres Halbbruders Heinrich IV. (1474) übernahm Isabella sofort die Krone Kastiliens; ihr Ehemann Ferdinand fühlte sich durch das rasche Vorgehen seiner Frau überrumpelt, willigte aber kurz danach (1475) in das „Abkommen von Segovia" ein, das ihm zwar auch den Königstitel zusprach, Isabella aber zur eigentlichen Königin Kastiliens und „Besitzerin" des Reiches erklärte. In allen Regierungsgeschäften wollte das Königspaar zusammenwirken; der Einheits- und Unteilbarkeitsgedanke spiegelte sich sowohl im gemeinsamen Wappenspruch (*Tanto Monta*) wie in den Herrschaftssymbolen (Pfeilbündel, Kette, Joch, gordischer Knoten) wider. Das persönliche Einvernehmen beider Herrscher wurde zur entscheidenden Voraussetzung für die erfolgreiche Politik der Katholischen Könige.

Nach der Thronbesteigung Isabellas ging der Erbfolgekrieg vorerst weiter. König Alfons V. von Portugal erkannte Johanna

(*Juana la Beltraneja*) als legitime Erbin der Krone Kastiliens an, begehrte sie zu heiraten und wollte ihren Thronanspruch mit militärischen Mitteln gegen Isabella und Ferdinand durchsetzen. Ein Teil des kastilischen Adels unterstützte ihn bei diesem Unterfangen. Somit ging es beim Kampf um den kastilischen Thron auf der einen Seite um eine dynastische Auseinandersetzung – die Erbfolge Isabellas war umstritten –, auf der anderen um einen Kampf um die Stellung des Adels im Reich. Im wesentlichen konnte Isabella diese Kämpfe zu ihren Gunsten entscheiden: 1479 endete der Erbfolgekrieg; damals garantierten sich Kastilien und Portugal im Vertrag von Alcaçovas gegenseitig die Unveränderlichkeit ihrer Grenzen. Im gleichen Jahr wurde Ferdinand – als Nachfolger seines verstorbenen Vaters Johann II. – König von Aragonien. Von diesem Zeitpunkt an waren die Kronen Kastiliens und Aragoniens in einer Doppelmonarchie unter einem Herrscherpaar vereint, wenngleich beide Reiche weiterhin ihre Autonomie wahrten. Von einer echten Nationalunion konnte vorerst keine Rede sein. In der Literatur hat sich die Bezeichnung „Matrimonialunion" durchgesetzt. (Bei Isabellas Tod im Jahr 1504 trennten sich übrigens die beiden Kronen wieder; endgültig vereint wurden sie erst unter ihrem Enkel Karl I.)

Nach der dynastischen „Einigung" Spaniens erlahmte der expansionistische Drang Kastiliens. Fortan wurden alle Kräfte auf die Rückeroberung Granadas, der letzten islamischen Machtbastion auf der Iberischen Halbinsel, konzentriert. Erst nach dem erfolgreichen Abschluß der *Reconquista* (1492) konnten die gegenüber Portugal ins außenpolitische Hintertreffen geratenen Katholischen Könige ihre Aufmerksamkeit wieder externen, nunmehr auch überseeischen Unternehmungen zuwenden. Die *Reconquista* hatte die spanischen Könige zwar mehrere Jahrzehnte lang daran gehindert, außenpolitische Aktivitäten zu entfalten; andererseits trug sie jedoch wesentlich zu einer Stärkung der Monarchie bei und erlaubte dadurch die Festigung des neuen Staatengebildes. Gleichzeitig schuf die *Reconquista* wichtige Anknüpfungspunkte und Voraussetzungen für die unmittelbar nach ihrem Abschluß einsetzende Eroberung (*Conquista*) Amerikas – und zwar sowohl bezüglich der Vorgehensweise als auch hinsichtlich der Motive und Zielsetzungen.

Der Erbfolgekrieg um die kastilische Krone hatte die innere Ordnung des Reiches erschüttert; das Wirtschaftsleben hatte schwere Rückschläge erfahren, Rechtsprechung und Verwaltung lagen darnieder. Zu den wichtigsten Geboten der Stunde zählte daher die Wiederherstellung der öffentlichen Ordnung. Ausgebaut wurden die Zentralverwaltung und das Justizwesen. Die Militärorden wurden dem Einfluß der Kirche entzogen und der Krone unterstellt; der Kastilienrat war eine im Auftrag der Könige arbeitende Zentralbehörde, der Staatsrat beriet die Krone in der Außenpolitik, die oberste Justizverwaltung wurde von zwei *Audiencias* [Gerichtshöfen] wahrgenommen. Der Kronrat wurde als zentrale Kollegialbehörde zu einem reinen Verwaltungsinstrument der Monarchie, die Führung der Staatsgeschäfte lag bei den Rechtsgelehrten (*letrados*). Das Königspaar nahm sich besonders der Justizfragen an. Zur Grundlage der Rechtsprechung wurde die von ihnen angelegte Rechtsquellensammlung. Für die Verwaltung des Reiches setzten sie in jedem Landesteil einen Vertreter der Krone (*corregidor*) ein, der über weitreichende Entscheidungsbefugnisse verfügte. Die unterschiedlichen Gewichts- und Maßeinheiten wurden 1496 systematisiert.

Die Ständeversammlung (*Cortes*) bestand zum damaligen Zeitpunkt bereits nur noch aus den Vertretern der (17 privilegierten) Städte Kastiliens, nachdem die beiden höheren Stände Adel und Klerus an den Sitzungen nicht mehr teilnahmen. Aber selbst diese in ihrer Bedeutung ohnehin schon geschmälerten *Cortes* wurden von den Katholischen Königen kaum einberufen, sie traten äußerst selten zusammen.

Die Zentralisierungsbestrebungen machten sich auch im kirchlichen Bereich bemerkbar: Bei der Rechtsprechung über Laien wurde fortan den königlichen Justizbeamten gegen den kirchlichen Gerichtshof der Vorrang gegeben, der (spanische) Borgia-Papst Alexander VI. (1492–1503) – der dem Herrscherpaar den Ehrentitel „Katholische Könige" verlieh – räumte

Isabella und Ferdinand das Recht der Bischofsernennung ein, womit die Grundlage zu einer Art Nationalkirche gelegt wurde.

Wirtschaftspolitisch förderte das Königspaar den damals bedeutendsten Wirtschaftszweig: den Wollhandel. Wolle war in Kastilien zum dominierenden Handelsprodukt geworden. In der zweiten Hälfte des 15. Jahrhunderts dürfte es an die drei Millionen „wandernder" Merinoschafe (*trashumantes*) gegeben haben; die Schafzucht ermöglichte es dem Hochadel, den Klöstern und den Militärorden, aus ihren riesigen Ländereien regelmäßige Einkünfte zu beziehen. Seit 1273 waren die Schafzüchter in dem stets mächtiger werdenden Kartell der *Mesta* organisiert, der Wollexport nach Aragonien und in die verschiedenen europäischen Reiche stieg an, Burgos – das Zentrum des kastilischen Wollhandels – und Messestädte wie Medina del Campo wurden zu bedeutenden Wirtschaftszentren. Demgegenüber waren die anderen Wirtschaftszweige Kastiliens – die Eisenindustrie des Baskenlandes, der Schiffsbau Kantabriens, die Seifenindustrie Andalusiens, usw. – von nachgeordneter Bedeutung.

Im Gegensatz zu Kastilien dominierten in Aragonien die föderalen Strukturen. König Ferdinand II. (1479–1516) griff selten in den Verwaltungsapparat der „Gliedstaaten" seiner Krone (Aragonien, Katalonien, Valencia, Mallorca) ein, verbriefte vielmehr den Fortbestand der regionalen Sonderrechte (vor allem Kataloniens). Die Reiche der Krone von Aragonien waren vorerst nur in Personalunion miteinander vereinigt. Der König verbrachte nur wenige Jahre in seinen Kronländern, setzte vielmehr einen Vizekönig und (1494) den „Aragonienrat" ein, der zur höchsten Verwaltungsbehörde für alle Kronländer – somit auch für Sizilien, Neapel und Sardinien – wurde. Unmittelbar nach seiner Thronbesteigung (1479) hatte Ferdinand II. für den Bereich der Krone von Aragonien protektionistische Verordnungen und Reformbestimmungen zur Gesundung der städtischen Finanzen erlassen; hier kann man Ansätze jenes frühen Merkantilismus erkennen, der später so charakteristisch für Kastilien werden sollte. Der wirtschaftliche Wiederaufstieg Kataloniens läßt sich – nach der ökonomischen Zerrüttung der vorhergehenden Jahrzehnte – auf das Jahr 1484 datieren; im folgenden Jahrzehnt gelangten katalanische Erzeugnisse (vor allem Tuchwaren) wieder in den Mittelmeerraum und in andere Regionen Europas. Der mediterrane Wirtschaftsverbund der Krone von Aragonien war jedoch von der Ökonomie Kastiliens, die ab Beginn des 16. Jahrhunderts zunehmend auf die „Neue Welt" ausgerichtet war, durch Zollschranken getrennt. Die Untertanen der Krone von Aragonien blieben vom Handel mit den Kolonien ausgeschlossen; dieser war ein Privileg der Kastilier.

Die Katholischen Könige waren vor allem bestrebt, den kastilischen Adel zu disziplinieren. Dessen völlige Entmachtung gelang ihnen allerdings nicht; vielmehr mußten sie in vielen Machtfragen ein hohes Maß an Kompromißbereitschaft zeigen. Durch eine geschickte Politik der Zugeständnisse gelang es ihnen jedoch, schließlich die Unterstützung eines Großteils des Adels für sich zu gewinnen. In jener Phase wurden die Grundlagen der absoluten Monarchie gelegt, wenn auch primär auf Kosten der Kirche und der in den *Cortes* vertretenen Städte.

Durch eine Neuregelung des Lehenswesens konnte der Adel seine Domänen nicht weiter ausdehnen, war vielmehr um Stabilisierung des status quo bemüht. Letztlich bewirkte die von den Katholischen Königen vorgenommene Reform sowohl eine Festigung der bestehenden Sozialordnung als auch eine Stärkung der monarchischen Macht. Das 1505 erlassene „Majoratsgesetz" war durchaus im Sinne der Adeligen, legte es doch die Vererbung des Großgrundbesitzes an den Erstgeborenen und die Unveräußerlichkeit des Immobilienvermögens fest. Damit konnte der Grundbesitz des Adels sehr häufig in „Fideikommisse" umgewandelt werden, das heißt in unteilbares und unveräußerliches Stammgut, sogenannte *Majorate*. (Dabei ist zu berücksichtigen, daß im ausgehenden Mittelalter Adel und Patriziat – eine höchstens 1,5 bis 1,7 Prozent der Bevölkerung umfassende Schicht – zusammen mit den Militärorden in den christlichen Reichen der Iberischen Halbinsel über mehr als die Hälfte des Grundbesitzes verfügten.)

Die „Heilige Hermandad", ursprünglich ein Schutzbund der

wichtigsten kastilischen Städte, wurde 1476 als Landpolizei und städtische Miliz wiedergegründet und der Aufsicht eines königlichen Rates unterstellt; bald wurde sie zu einem Ersatzorgan der entmachteten *Cortes*.

Aus der Regierungszeit der Katholischen Könige ragt vor allem das Jahr 1492 heraus. Dieses Jahr wurde für Spanien in vielerlei Hinsicht zu einem Schicksalsjahr, vielleicht zum wichtigsten überhaupt in seiner Geschichte: Zu Jahresbeginn, am 2. Januar, zogen Isabella und Ferdinand siegreich in Granada ein; damit fand die *Reconquista* ihr Ende. Knappe drei Monate später vertrieben sie die Juden aus Spanien; und wiederum einige Monate später entdeckte ein genuesischer Seefahrer in kastilischen Diensten, Christoph Kolumbus (Cristobal Colón), Amerika. Alle drei Ereignisse sollten von größter Bedeutung für die weitere Geschichte Spaniens sein.

Innenpolitisch festigte die Eroberung Granadas die Stellung der Monarchen als militärische und politische Führer des Reiches, strategisch war der erweiterte Zugang zum Mittelmeer von Bedeutung, wirkungsgeschichtlich kam es zu einer Wiederbelebung des Kreuzzuggedankens – eine wichtige Voraussetzung für die bald danach beginnende Eroberung der „Neuen Welt".

Zuerst sah es so aus, als ob sich nach dem Abschluß der *Reconquista* für die unterworfenen Muslime und Juden nicht viel ändern würde. Während nach früheren Eroberungen die Bewohner der meisten maurischen Städte für ihren Widerstand mit der Ausweisung nach Nordafrika bestraft worden waren, hinterließen die Bedingungen bei der Übergabe Granadas einen großzügigen Eindruck. Den für ihren Fleiß bekannten niederen Volksschichten sollte eine ähnliche Existenz ermöglicht werden, wie sie die *mudéjares* (d. h. die in christlichen Territorien lebenden Muslime) im Norden, vor allem in Aragonien, führten: Sie sollten ihr Rechtswesen, ihre Sitten und Gebräuche beibehalten dürfen, der freien Ausübung ihrer Religion wurde nichts in den Weg gelegt. Diese Bestimmungen blieben jedoch weitgehend Theorie; die Praxis sah ganz anders aus. Es begann mit der Vertreibung der Juden.

Schon in den zwei Jahrhunderten vor 1492 waren die Juden verfolgt worden. Zu Beginn des 15. Jahrhunderts war über die Hälfte der 200 000 Juden auf der Iberischen Halbinsel zum Christentum konvertiert; man nannte sie *conversos* [Bekehrte]. Da die bekehrten Juden in allen Berufen und Ämtern erfolgreich waren, entstand eine neue Quelle sozialer Konflikte. Fortan wurde zwischen „Altchristen" (*cristianos viejos*) und „Neuchristen" (*cristianos nuevos*) unterschieden. Um die konvertierten Juden von öffentlichen Ämtern ausschließen zu können, wurde ab Mitte des 15. Jahrhunderts immer häufiger der Nachweis der nichtjüdischen Abstammung gefordert; die „Blutreinheit" mußte in Übereinstimmung mit entsprechenden Vorschriften (*estatutos de limpieza de sangre*) nachgewiesen werden. Damit trat der religiöse Aspekt hinter dem rassischen zurück.

Am 31. März 1492 unterschrieben die Katholischen Könige das von Generalinquisitor Tomás de Torquemada vorbereitete Ausweisungsdekret. Innerhalb von vier Monaten hatten alle Juden das Land zu verlassen. Der erste Schritt auf dem Weg zur religiösen Einheit war getan; diese wurde als ein zentraler Punkt der Staatsräson betrachtet.

Eine erhebliche Anzahl von Juden konvertierte zum Christentum, der größte Teil aber emigrierte. Ging die ältere Forschung von 100 000–200 000 vertriebenen Sepharden aus (wie sich die spanischen Juden nannten), so spricht man neuerdings von 40 000–50 000, die in den gesamten Mittelmeerraum, vor allem nach Nordafrika und in den Nahen Osten, aber auch in den Nordseeraum emigrierten.

Um das „Problem" der *conversos* zu lösen, hatte der Franziskanermönch Alonso de Espina schon 1460 gefordert, daß sie als „schlechte Christen" und Ketzer der Inquisition zu unterwerfen seien. Die alte päpstliche Inquisition, die früher in Aragonien eingeführt worden war, spielte jedoch praktisch keine Rolle mehr; Espinas Darlegungen liefen somit auf die Forderung nach Einrichtung eines neuen Inquisitionstribunals in Spanien hinaus. 1478 wurde in Kastilien sodann durch päpstliche Verfügung die Inquisition „zur Ausrottung der Ketzerei" eingerichtet, und bald darauf begann die Suche nach „ketzerischen" *conversos*; anschließend übertrug Isabellas Ehemann Ferdinand von Aragonien die Inquisition auf sein Reich. Damit erhielt Spanien eine gemeinsame politische und religiöse Institution – übrigens das einzige gemeinsame Staatsorgan außer der Monarchie. Die „Spanische Inquisition" war eine Art staatlicher Sicherheitsdienst, der über die Reinheit der Lehre zu wachen und insbesondere die jüdischen und muslimischen Konvertiten zu kontrollieren hatte, die stets im Verdacht der Häresie standen. Letztlich war die Inquisition das wichtigste Werkzeug für den entstehenden spanischen Staat, um seine innere Einheit zu festigen.

Die Notwendigkeit, nach der Eroberung Granadas die muslimische Bevölkerung des letzten islamischen Königreiches aufzunehmen, leitete auch im Verhältnis zwischen Christen und Muslimen eine neue Phase ein. Der Erzbischof von Granada, Hernando de Talavera, hielt die Bekehrung der Muslime für unbedingt erforderlich, wollte aber nur friedliche Methoden anwenden. Die Bekehrung durch Überzeugung war aber offensichtlich nicht erfolgreich; um die Jahrhundertwende setzte sich der harte Kurs des Toledaner Erzbischofs Francisco Jiménez de Cisneros (1436–1517) durch, und 1502 widerrief Königin Isabella für Kastilien die Religionsfreiheit, die sie der muslimischen Bevölkerung ein Jahrzehnt zuvor bei der Übergabe Granadas zugestanden hatte. Die *mudéjares* mußten konvertieren oder emigrieren; diejenigen, die sich für die christliche Taufe entschieden, wurden fortan *moriscos* genannt.

Im Bereich der Krone von Aragonien blieb den dortigen *mudéjares* ab 1525/26 auch nur noch die Wahl zwischen Zwangsbekehrung und Auswanderung. Die Mehrheit entschied sich zwar für die Taufe; damit war aber das Problem für diese *moriscos* nicht gelöst. Denn ähnlich wie im Fall der jüdischen *conversos* blieben Kirche und Krone den neuen Katholiken gegenüber äußerst mißtrauisch. Zuerst wütete die Inquisition unter ihnen, in der zweiten Hälfte des 16. Jahrhunderts kam es dann zu gewaltsamen Übergriffen, schließlich folgten verzweifelte *moriscos*-Aufstände. Die Inquisition dehnte das Prinzip der „Blutreinheit" auf die *moriscos* aus und setzte sich nachhaltig für deren Ausweisung ein. 1609 schließlich wurden die *moriscos* vertrieben – rund 273 000 an der Zahl; die religiöse Einheit und die Sicherheit der Monarchie machten diese Maßnahme angeblich erforderlich.

Durch die Vertreibung der Juden (1492), der Muslime (1502) und der *moriscos* (1609) verlor Spanien Hunderttausende qualifizierter Arbeitskräfte; auch die geistige Arbeit litt fortan unter dem Damoklesschwert der inquisitorischen Zensur. Konformismus und geistige Intoleranz breiteten sich aus. Auch die ökonomischen Folgen waren für das Land verheerend. Nicht wenige Historiker führen den wirtschaftlichen Niedergang Spaniens in der Frühen Neuzeit auf die Vertreibung der Sepharden und der *moriscos* zurück.

Das dritte bedeutende Ereignis des Jahres 1492 war die ‚Entdeckung' Amerikas, damit zugleich der Beginn der Eroberung und Missionierung des ‚neuen' Kontinents. Kolumbus selbst hat in seinem Bordtagebuch einen Zusammenhang zwischen dem Ende der *Reconquista*, der Vertreibung der Juden und seiner Expedition hergestellt: Er wollte ja eigentlich nach Osten gelangen, nach Asien, um dort in Kathai (China) Kontakte mit dem prochristlichen Groß-Khan der Mongolen aufzunehmen, der im Glauben unterrichtet zu werden wünschte. Auf diese Weise sollte ein Bündnis zwischen den Mächten der östlichen und westlichen Christenheit hergestellt werden. Dieses Bündnis würde die Muslime besiegen und Jerusalem wiedergewinnen. Offensichtlich übte dieses Konzept im Augenblick der triumphalen Eroberung Granadas große Anziehungskraft auf den Kreuzzugsgeist der Katholischen Könige aus.

Die Kirche unterstützte von Anfang an die kolonialen Zielsetzungen der spanischen Könige. Da der Papst den weltlichen Herrschern das Patronatsrecht über neu eroberte Gebiete zusprach, erhielten die Könige das Recht und den Auftrag zur Christianisierung dieser Weltregion. Dieses Recht schloß die Verwaltung der kirchlichen Angelegenheiten sowie die Besetzung aller kirchlichen Ämter ein. Damit war der Klerus zum treuen Staatsdiener bestellt; die kirchliche Verkündung in Amerika war an das staatliche Ausgreifen gebunden. Oft genug rechtfertigte die Kirche die Praxis der Eroberungen; die unmenschlichen Praktiken der Kolonialherrschaft wurden als irdisches Martyrium der Indianer auf dem Weg zum ewigen Leben bezeichnet.

Andererseits sahen die Missionsorden, die den Konquistadoren auf dem Fuß folgten, in den brutalen Maßnahmen der Eroberer gegenüber den Indianern ein entscheidendes Hemmnis für die Verbreitung des katholischen Glaubens. Der langjährige Wortführer dieser kirchlichen Gegenbewegung, Bartolomé de Las Casas (1474 oder 1484–1566), entwickelte sich zum erbittertsten Gegner der Kolonisten. Unter seiner Führung bekämpften vor allem die Bettelorden (Dominikaner, Franziskaner) die Konquistadoren in Amerika und am Königshof. Auf kirchliche Fürsprecher ging die königliche Indianerschutzgesetzgebung zurück, die die übelsten Auswüchse der spanischen Kolonisatoren wenigstens etwas einschränkte.

Betrachtet man die soeben dargestellten drei Ereignisse zusammenhängend, so wird deutlich, daß das „moderne" Spanien als Bruch mit vielen mittelalterlichen Traditionen entstand. Den Beginn machten die Vertreibungen von 1492, 1502 und 1609. Der staatliche Schutz, der früher andersgläubigen Minderheiten gewährt worden war, wurde aufgehoben; religiöse Intoleranz wurde zur Staatsdoktrin; die christliche Missionsidee entwickelte sich zu einer staatlichen Aufgabe in Spanien und in Übersee, und wer sich der Bekehrung zum Christentum widersetzte, wurde von der politischen Gemeinschaft ausgeschlossen. Fortan sollte die Religion die Grundlage für die politische Einheit des Landes bilden; damit endete das spanische Mittelalter.

Nachdem die *Reconquista* auf der Iberischen Halbinsel abgeschlossen war, setzte Spanien seinen Kampf um die katholische Glaubenseinheit in veränderter Weise fort: im Lande selbst mit dem Mittel der Inquisition, in Übersee als koloniale Missionierung Amerikas, im Osten als Kampf gegen die Türken, im Norden in kriegerischen Auseinandersetzungen gegen die protestantischen Mächte. Glaubensfragen standen für Spanien, den selbsternannten „Wächter des Abendlandes" mit einem ungebrochenen religiösen Sendungsbewußtsein, im Zentrum geistiger, politischer und militärischer Aktivitäten.

Seit 1474 wurden die Königreiche Kastilien und Aragonien durch Isabella und Ferdinand in Matrimonialunion geführt. (Nachdem es zuvor zwischen Aragonien und Frankreich wegen Navarra zu wiederholten Konflikten gekommen war, annektierte Ferdinand 1512 das südliche Navarra kurzerhand für Kastilien.) Als Erbe war Ferdinands und Isabellas Sohn Don Juan vorgesehen, der 1496 Maria von Burgund, die Tochter von Kaiser Maximilian, heiratete, 1497 aber kinderlos starb. Da auch dessen ältere Schwester Isabella frühzeitig starb, avancierte die jüngere Schwester Juana (Johanna) zur Thronerbin; sie heiratete 1497 Philipp „den Schönen" (1478–1506), ebenfalls Sohn Maximilians und Herzog von Burgund. Nach dem frühzeitigen Tod von Königin Isabella im Jahr 1504 übernahm Ferdinand, nachdem sich bei Johanna Anzeichen einer psychischen Erkrankung gezeigt hatten – sie ist in die Geschichte als „die Wahnsinnige" (*La Loca*) eingegangen –, die Verwaltung des Reiches. Johanna war zwar die rechtmäßige Königin, sie wurde aber (zuerst von ihrem Vater, später von ihrem Sohn Karl I.) im Schloß von Tordesillas bis zu ihrem Tod im Jahr 1555 interniert. Nach dem Tod Ferdinands „des Katholischen" (1516) fiel dem ältesten Sohn aus der Ehe Johannas („der Wahnsinnigen") mit Philipp („dem Schönen"), dem 1500 in Gent geborenen Karl, das nunmehr vereinigte spanische Erbe zu (einschließlich der unteritalienischen Königreiche). Seit 1515 war Karl Herzog von Burgund; 1519, nach dem Tod seines Großvaters Maximilian, bekam er die österreichischen Erbländer und wurde zum Kaiser des Heiligen Römischen Reiches Deutscher Nation gewählt.

Aus dieser Konstellation ergaben sich einige geopolitische Konstanten, die jahrhundertelang den Verlauf der europäischen Geschichte mitbestimmen sollten: Zum einen entwickelte sich ein Gegensatz zwischen Frankreich und den Habsburgern, von denen sich die französischen Könige umklammert

fühlten. Zum anderen führte die Häufung von Herrschaftsrechten im Hause Habsburg zu einer ungewöhnlichen Machtfülle, aber auch zu gewaltigen Belastungen. Schließlich wurden
die Habsburger durch das spanische Erbe nicht nur zu einer europäischen Universalmacht, sondern vertraten außerdem noch
überseeische Interessen. Die habsburgische Großmachtbildung
sollte somit für das Europa der beginnenden Neuzeit bestim-
mend sein.

II. Der Aufstieg zur Weltmacht (16. Jahrhundert)

Karls Herrschaft in Spanien begann schlecht. Als der von der
ritterlich-höfischen Tradition Burgunds geprägte junge Monarch 1517 auf der Pyrenäenhalbinsel eintraf, entließ er zuerst
Kardinal Francisco Jiménez de Cisneros, den Verweser Kastiliens. Sodann besetzte er viele Staatsämter mit (flämischen)
Ausländern – eine Maßnahme, die ihm schnell die Abneigung
seiner Untertanen einbrachte. Die Antrittsreise durch seine
spanischen Kronländer war von unfreundlichen Akten und
Protesten begleitet, die Bewilligung der geforderten Hilfsgelder
durch die kastilischen, die aragonesischen und die katalanischen *Cortes* fand nur schleppend statt. Die Ständeversamm-
lungen erkannten Karl zwar schließlich als Monarchen an, forderten von ihm aber, er solle Spanisch lernen, bald heiraten, im
Land residieren sowie die Ämter und Würden nur an Kastilier
vergeben.

Noch problematischer wurde die Beziehung zu den Stände-
Abgeordneten, als Karl im Juni 1519 nach dem Tode Maximilians zum römischen König und (als Karl V.) zum Kaiser des
Reiches gewählt wurde. In klarer Voraussicht befürchteten die
Cortes-Vertreter, die neue Kaiserwürde ihres Königs werde Kastilien zum Nachteil gereichen, da der Monarch sich nicht den
Problemen seiner iberischen Kronländer widmen werde und
die kastilischen Steuergelder ins europäische Ausland abfließen
würden.

Dadurch, daß Karl in Personalunion spanischer König (Karl I.) und deutscher Kaiser (Karl V.) war, läßt sich im 16. Jahrhundert die spanische Geschichte nicht von der des Deutschen Reiches trennen. Durch die Wahl Karls zum römischen König erhielt die spanische Monarchie ihre europäische Dimension. Die europäischen Kämpfe Karls in Italien, gegen Frankreich, die Türken und schließlich die protestantischen Fürsten im Reich betrafen daher stets auch – in der einen oder anderen Form – Spanien.

Kaum war Karl im Mai 1520 von Spanien abgereist – zuvor hatte er seinen früheren Erzieher Adrian von Utrecht zum Regenten des Landes ernannt –, brach in Toledo ein offener Aufruhr aus, der sehr schnell auf andere Städte übergriff. Dieser *Comuneros*-Aufstand führte zur Einsetzung von *Juntas* [Räten], die sich aus Kleinadeligen und Besitzbürgern der Städte zusammensetzten. Ursprünglich war der Aufstand der *Comuneros* gegen die Steuerpolitik der Krone und bestimmte Einzelmaßnahmen (wie die Bevorzugung von Ausländern) gerichtet; in einem allgemeineren Sinne sprach aus dem Aufstand jedoch die Weigerung Kastiliens, sich in den übergeordneten Reichsverband einbeziehen zu lassen und finanzielle Beiträge für die imperiale Politik Karls zu leisten.

Als der Aufruhr zu einer nationalen Bewegung wurde und die königlichen Truppen die von den *Comuneros* eingenommene Messestadt Medina del Campo zerstört hatten, erhielten die Aufständischen massiven Zulauf von Handwerkern, Textilarbeitern und Tagelöhnern. Als Führer profilierten sich die Toledaner Adeligen Juan de Padilla und Pedro Laso de la Vega. In Anbetracht der kritischen Situation im Lande – die *Junta* von Avila widersetzte sich Adrian von Utrecht und ernannte sich selbst zur Regierung Kastiliens – war der König zu Zugeständnissen bereit; er verpflichtete sich, fortan Staatsämter nicht mehr mit Ausländern zu besetzen und den kastilischen Adel stärker an der Verwaltung des Landes zu beteiligen. Auch aufgrund der Gefahr einer weiteren Radikalisierung der *Comuneros*-Bewegung hatte sich der spanische Hochadel zuvor mit dem Monarchen verbündet.

Zeitgleich mit dem *Comuneros*-Aufstand kam es in Valencia zur Rebellion der dort in Bruderschaften (*Germanías*) zusammengeschlossenen Zünfte; diese Erhebung, die auf die Kontrolle des Stadtregiments abzielte und gegen den Adel gerichtet war, trug von Anbeginn auch einen sozialen Charakter, nachdem die Existenz vieler Handwerker und Arbeiter Valencias (auch aufgrund einer Pestepidemie) gefährdet war. Die anfänglich eher gemäßigten Forderungen der Zünfte durchliefen alsbald einen Radikalisierungsprozeß; angestrebt wurde schließlich eine freie Republik nach dem Muster Venedigs, verbunden mit extremen sozial-religiösen Bestrebungen.

Möglicherweise beeinflußten und radikalisierten sich die beiden Bewegungen gegenseitig. Jedenfalls nahmen die revolutionären Elemente zu, was andererseits jedoch zu einer Spaltung der Bewegung führte. Wichtige städtische Zentren (u. a. Burgos) wechselten wieder ins königliche Lager über, einflußreiche Großkaufleute finanzierten das königliche Heer, Adel und höhere Geistlichkeit schlossen sich den monarchischen Kräften an. Schließlich siegte die königliche Reiterei im April 1521 bei Villalar über die Aufständischen, die *Comuneros*-Anführer Juan de Padilla und Juan Bravo wurden hingerichtet. Kurz danach konnte auch der *Germanías*-Aufstand niedergeschlagen werden. Nach der gewaltsamen Beendigung beider Aufstandsbewegungen wurde die Herrschaft Karls in Spanien vorbehaltlos anerkannt.

Der *Comuneros*-Aufstand hat unterschiedliche Interpretationen erfahren: Die späteren Liberalen sahen in ihm eine moderne freiheitliche Bewegung des städtischen „Bürgertums", durch dessen Niederlage der monarchische Absolutismus sich durchsetzen konnte, zugleich aber auch der Niedergang Kastiliens einsetzte. Die *Comuneros* erstrebten eine Art (früh-) „bürgerliche" Revolution, deren Ziele ein verstärktes Mitspracherecht der Städte in der Politik, die Errichtung eines repräsentativer organisierten frühneuzeitlichen Nationalstaates und eine eher dezentralisierte Monarchie waren. Die Niederlage der Aufständischen eröffnete Karl die (finanziellen) Möglichkeiten zu seiner universalen Politik; fortan sollte es zu regelmäßigen Geldabflüssen aus Kastilien hin zu den europäischen Schauplätzen kommen.

Daß Kastilien immer wieder zur Finanzierung der europäischen Kriege Karls (und später Philipps II.) herangezogen werden konnte, hängt damit zusammen, daß während ihrer Regierungszeit der größte Teil des amerikanischen Kontinents erobert und dem spanischen Herrschaftsgebiet angegliedert wurde. In bezug auf die Träger der Expansion, ihre Zielsetzungen und politischen Interessen lassen sich drei Hauptfaktoren unterscheiden, die mit unterschiedlichem Gewicht und in wechselseitiger Beeinflussung auf die spanische Eroberung und Kolonisation in Amerika einwirkten: die Krone, die Konquistadoren und Kolonisten, und die Kirche.

Die spanische *Conquista* Amerikas vollzog sich in hohem Maße unter der Kontrolle der Krone und im Rahmen einer zielorientierten spanischen Politik. Die Gründung einer wirtschaftlichen Monopolbehörde (*Casa de Contratación*) in Sevilla machte deutlich, daß Schiffahrt und Handel nach Lateinamerika staatlich gefördert und kontrolliert, und Zolleinnahmen und Abgaben aus den überseeischen Unternehmungen für die Krone gesichert werden sollten. Entsprechend den Zielen des frühmodernen Staates zielte die Kolonialpolitik der Krone bald zusätzlich darauf ab, in Übersee eine kontinuierliche staatliche Herrschaft zu errichten und einen möglichst homogenen Untertanenverband aufzubauen. Deswegen verfolgte sie auch das Ziel, die autochthone Bevölkerung Amerikas kulturell in eine christlich-spanisch geprägte Weltordnung einzubinden. Insgesamt hielten sich im 15. und 16. Jahrhundert ökonomisch-machtpolitische und missionarisch-zivilisatorische Zielsetzungen in der Kolonialpolitik der spanischen Krone in etwa die Waage.

Die Dynamik der *Conquista* beruhte nicht zuletzt auf ihrem Charakter als sozialer Aufstiegsmechanismus, der jedoch nur bei einem Erfolg der Unternehmung zum Tragen kam. Es ist außerdem zu berücksichtigen, daß sich vor allem die Anführer der Entdeckungs- und Eroberungszüge zur Finanzierung der Expeditionen oft bei den im Hintergrund agierenden spanischen und ausländischen Finanziers verschulden mußten. Aus diesen Gründen standen die Konquistadoren unter einem beträchtlichen Erfolgszwang, der zum Verständnis der Tatsache beiträgt, daß die indigenen Kräfte oft einem verhältnismäßig kleinen Trupp von Eroberern unterlagen. Auch ist es unter diesen Umständen nachvollziehbar, daß die Konquistadoren vorrangig ihre persönliche Bereicherung anstrebten und deswegen mit den Interessen der Krone und der Kirche in Konflikt geraten konnten.

Die Kirche schließlich unterstützte die kolonialen Zielsetzungen der iberischen Könige, da sie aufgrund des Patronatskirchentums an die weltlichen Machtstrukturen gebunden war. Indem der Papst Portugal 1455 und Spanien 1486 bzw. 1508 das Patronatsrecht über neu eroberte Gebiete zusprach, erhielten die iberischen Herrscher den Auftrag und das Recht zur Christianisierung dieser Gebiete. Dieses Recht schloß die Verwaltung der kirchlichen Angelegenheiten sowie die Besetzung aller kirchlichen Ämter ein. Dadurch war der Klerus zum treuen Staatsdiener bestellt und die kirchliche Verkündung an ihre gesellschaftlichen und politischen Prämissen gebunden.

Die beiden bisher angesprochenen Faktoren – die Bindung der spanischen an die Reichspolitik und die Eroberung großer Gebiete in Übersee – führten dazu, daß im 16. Jahrhundert die spanische Wirtschaft durch zwei gegenläufige Tendenzen beeinflußt wurde: Auf der einen Seite stand die wachsende Finanzlast der kaiserlichen Reichspolitik, auf der anderen das Edelmetallpotential des amerikanischen Kolonialreichs. Zur Finanzierung der politischen und militärischen Unternehmungen des Kaisers und später seines Sohnes Philipp wurde Spanien – nachdem zuerst die italienischen Kronländer und die Niederlande einen Großteil der Verpflichtungen getragen hatten – ab den 40er Jahren verstärkt herangezogen. In Anbetracht der hartnäckigen Abwehrhaltung der aragonesischen *Cortes* fiel die finanzielle Hauptlast auf Kastilien, und hier wiederum (wegen der spezifischen Steuerstruktur) nahezu ausschließlich auf die abgabenpflichtigen Bürger – nicht auf Adel oder Geistlichkeit.

Trotz des zunehmenden Steuerdrucks stieg jedoch die Verschuldung der Krone kontinuierlich an. Die Zahlen sprechen für sich: Karl standen als König von Spanien jährlich Einkünfte über eine Million (seit 1542 rund eineinhalb Millionen) Dukaten zu; von (ausländischen) Bankhäusern mußte er außerdem Darlehen in Höhe von 39 Millionen [!] Dukaten aufnehmen, für die er die erwarteten Silberlieferungen aus Amerika oder die Steueraufkommen der jeweils folgenden Jahre verpfändete. Trotzdem führte die Haushaltspolitik wiederholt zur Zahlungsunfähigkeit der Krone, da sie (vor allem in Karls späteren Jahren) festverzinsliche Schuldverschreibungen (*Juros*) ausgab, für deren Zinsentilgung schließlich etwa 65 Prozent des ordentlichen Steueraufkommens ausgegeben werden mußten.

Die Auswirkungen des wachsenden Zustroms amerikanischer Edelmetalle sind in der historischen Forschung Gegenstand ausführlicher Erörterungen. In einem Teil der Literatur wird der spanische Niedergang im 17. und frühen 18. Jahrhundert in einen engen Zusammenhang mit dem Silber aus den Bergwerken von Potosí gebracht, da die inflationäre Preisentwicklung des 16. Jahrhunderts auf die Silberladungen zurückzuführen sei und die weitere Entwicklung bestimmt habe. Diese These hat Widerspruch hervorgerufen; verwiesen wurde darauf, daß Spanien damals aus unterschiedlichen Wirtschaftsräumen bestand und Andalusien etwa ab dem 16. Jahrhundert einen wirtschaftlichen Aufschwung erlebte, da Oliven (Jaén), Wein (Guadalquivirtal), Tuche (Córdoba) und Seide (Granada) begehrte Exportartikel waren. Auch einige Wirtschaftszweige Mittel- und Nordspaniens erlebten Exportaufschwünge: etwa die Eisenindustrie des Baskenlandes und die Wollproduktion der (inzwischen auf zehn Millionen geschätzten) Merinoschafe. Die Länder der Krone von Aragonien waren von den Wirtschaftsaktivitäten in Zusammenhang mit dem Amerikahandel allerdings weitestgehend ausgeschlossen.

Die ersten Kämpfe in Europa hatte Karl in Italien und gegen Frankreich zu bestehen. Seit den Katholischen Königen waren Süditalien und Nordafrika wichtige Bereiche der spanischen Mittelmeerpolitik. Die anti-islamische Politik der Katholischen

Könige hatte auch auf die muslimische Bevölkerung Nordafrikas Auswirkungen gehabt; von dort plünderten Piraten immer wieder spanische und süditalienische Küstenorte, was wiederum zur Besetzung nordafrikanischer Hafenstädte und Plätze durch spanische Truppen führte. Besonders hartnäckig waren die Gefechte gegen den Osmanen Chaireddin Barbarossa, der große Teile Nordafrikas beherrschte.

Im Verlauf der militärischen Auseinandersetzungen in und um Italien mußte Karl vor allem gegen den französischen König Franz I. (1515–1547) kämpfen; 1525 konnten schließlich die vereinigten deutsch-spanischen Streitkräfte Karls Rivalen in der Schlacht von Pavia gefangennehmen und ihn zum Verzicht auf Mailand, Genua, Neapel und die Bourgogne zwingen. Bald nach seiner Freilassung verband sich aber Franz I. (in der Liga von Cognac) mit den Gegnern Habsburgs und setzte den Krieg fort, der erst 1529 mit den Friedensschlüssen von Barcelona und Cambrai beendet wurde; diese besiegelten die habsburgische Vorherrschaft in Italien.

In den vielen Jahren von Karls Abwesenheit von Spanien erwies sich seine Frau Isabella von Portugal (1503–1539) als gute Sachwalterin seiner Interessen; die eigentliche Verwaltung der spanischen Kronländer übernahmen aber Großkanzler Mercurino di Gattinara (1518–1530) und danach Francisco de los Cobos (1530–1547). Unter der umsichtigen Leitung Gattinaras wurde das frühneuzeitliche Verwaltungssystem des Landes aufgebaut: Der Staatsrat beriet den Monarchen in allen wichtigen Fragen; der Kriegsrat konzentrierte seine Zuständigkeit vor allem auf Spanien und das westliche Mittelmeer; der Finanzrat regelte die Fragen der königlichen Geldverwaltung; der Kastilienrat leitete die Verwaltung und das Rechtswesen Kastiliens. Im Zuge der Ausweitung des spanischen Herrschaftsbereichs mußten neue Territorialräte geschaffen werden: 1524 der Indienrat für die überseeischen Besitzungen, 1555 der Italienrat für Mailand, Sizilien und Neapel, 1582 der Portugalrat nach dem Anschluß des westlichen Reiches an Spanien, 1588 der Flandernrat für die Verwaltung der „Spanischen Niederlande". Die Sekretäre dieser „Räte" – zuerst überwiegend Burgunder, im Laufe der Jahre immer häufiger Spanier – entstammten zumeist dem Kleinadel oder dem Bürgertum.

Die Verwaltungsstruktur läßt erkennen, daß das Spanien des 16. Jahrhunderts im europäischen Vergleich hoch entwickelt war: Ein moderner Staat war im Entstehen, der eine umfassende Bürokratie und weitverzweigte Diplomatie benötigte. Schon Ferdinand von Aragonien, der „Katholische König", war für Machiavelli der Idealtypus des modernen Fürsten gewesen. Die Mode des spanischen Hofes wurde sodann stilbildend für Europa; spanische Mystik, Philosophie und Literatur wurden von allen Intellektuellen gelesen, die spanische Sprache war unter Politikern und Gelehrten weit verbreitet, spanisches Staats- und Völkerrecht von großer Bedeutung, die Kolonialethik hoch entwickelt.

Jahrzehntelang überschattete der Vormarsch der deutschen Reformation die Regierung Karls; im Reich standen dem katholischen Habsburgerkaiser starke protestantische, ständische und partikularstaatliche Kräfte entgegen. Im Zeitalter der Reformation fühlte sich Spanien dazu berufen, seine ganze politische Kraft, geistige Energie und militärische Potenz zur Erhaltung des einheitlichen katholischen Bekenntnisses im Abendland einzusetzen. Spanien wurde zum Verteidiger der Universalität des römisch-katholischen Glaubens.

Die innerkirchliche Reformbewegung, die im ersten Drittel des 16. Jahrhunderts um sich griff, erhielt viele Anstöße vom kritischen Humanismus. Die Bewegung sollte der Verweltlichung des klösterlichen Lebens, dem Bildungsmangel und dem sittlichen Verfall des niederen Klerus entgegenwirken. Von Jiménez de Cisneros gingen entscheidende Impulse zur Ausbreitung des Humanismus in Kastilien aus. Damals drangen die Lehren des Erasmus von Rotterdam (1466–1536) in Spanien ein, für den sich viele Intellektuelle und die hohe Geistlichkeit begeisterten. Erasmus versuchte, in einer „christlichen Philosophie" das geistige Gut der Antike mit dem Christentum zu verschmelzen. Als jedoch durch das Lutheranertum die soeben errungene religiöse Einheit Spaniens bedroht schien, wurde das geistige Reformklima abrupt beendet. Die Bewegung der Illuminaten (*los alumbrados*), die sich aus erasmistischem Gedankengut nährte, wurde verfolgt; auch Anhänger des Erasmus gerieten in den Verdacht der Ketzerei und fielen der Inquisition anheim.

Den Protestantismus hat die Inquisition dann auch schnell zum Erliegen gebracht. Die Schriften Luthers wurden beschlagnahmt, die wenigen lutheranischen Gruppen gewaltsam gesprengt, ihre führenden Vertreter verurteilt und in *autos de fé* [Glaubenshandlungen] öffentlich dem Scheiterhaufen übergeben. Nach wenigen Jahren war der Protestantismus in Spanien liquidiert; auch vom Erasmismus blieb nicht viel übrig. Damit war die geistig-geistliche Orthodoxie wiederhergestellt, ein allumfassender Konformismus machte sich breit.

Was neue geistliche Strömungen der Zeit betrifft, so ist vor allem auf jene Richtung des spanischen Katholizismus zu verweisen, die keinen so großen Wert auf die Riten und Gebräuche der mittelalterlichen Religion legte, sondern in einer mystischen Innenschau (und im Gegensatz zum Gemeinschaftssinn der mittelalterlichen Frömmigkeit) die tiefe Beziehung und Liebe des einzelnen zu Gott betonte. Zu den großen Liebesmystikern zählen Therese von Avila (Teresa de Jesús, 1515–1582) und Johannes vom Kreuz (San Juan de la Cruz, 1542–1591).

Zu den großen Gestalten der Kirchenreform und der spanischen Kirchengeschichte gehört zweifellos auch der Baske Ignatius (Iñigo) von Loyola (1491–1556), der Gründer des Jesuitenordens (*Societas Jesu*, S. J.). Er studierte Theologie und schuf 1534 in Paris die Gesellschaft Jesu. Deren Mitglieder widmeten sich vor allem der Predigt und Mission, der Orden wurde unter seinem Motto *Omnia ad maiorem Dei gloriam* („Alles zur größeren Ehre Gottes") zum Hauptwerkzeug der Gegenreformation. Die Anzahl der Erziehungs- und Missionseinrichtungen wuchs rasch im In- und Ausland; sie vertraten mit ihrem unbedingten Papstgehorsam im Zeitalter der Glaubenskriege kompromißlos die römische Sache.

Karl war frühzeitig bemüht, die Nachfolgefrage zu regeln. 1548 wurden die Niederlande, die seit 1531 seiner Schwester Maria als Statthalterin unterstellt waren, vom Reich losgelöst und seinem Sohn, dem Kronprinzen Philipp, zu Lehen gegeben. 1553 übertrug er seinem Bruder Ferdinand alle Angelegenheiten, die das Reich betrafen; in den Folgejahren erhielt sein Sohn Philipp Mailand, Neapel und (nach dem Tod Johannas „der Wahnsinnigen") 1556 schließlich die spanische Königskrone.

Bei der Einschätzung von Karls Monarchie lassen sich zwei Aspekte festhalten: Einerseits ist darauf zu verweisen, daß er als Fremder nach Spanien kam, weder das Land noch seine Sprache kannte, sodann aber einen kontinuierlichen „Hispanisierungsprozeß" durchlief, der dazu führte, daß der Kaiser und König sein Leben schließlich als „Spanier" beendete. Andererseits war er der letzte Vertreter der mittelalterlich geprägten, universalen christlichen Kaiseridee; er erhob Spanien zu einer europäischen Großmacht, verwickelte das Land aber zugleich in nahezu alle Konflikte Mittel- und Westeuropas. Diese Verstrickungen sollten sich letztlich negativ für Spanien, vor allem für die Wirtschaftskraft Kastiliens, auswirken – ein Grund für das ambivalente Bild, das Karl in der spanischen Historiographie erfahren hat.

Erbe der „spanischen Linie" des Hauses Habsburg wurde Karls Sohn Philipp II. (1556–1598), der außer Spanien und die süditalienischen Königreiche noch die überseeischen Besitzungen, Burgund und die Niederlande übernahm; 1580 kam Portugal hinzu. Schließlich war Philipp Herrscher über das größte Reich, das die Geschichte je gekannt hat. Und trotzdem war sein Imperium nicht mehr das „Universalreich" Karls, sondern ein spanisch-katholisches Bollwerk mit einer Hauptstadt – seit 1561 Madrid – und einem Entscheidungszentrum. Seit Madrid ständiger Sitz des Hofes war, fand auch das (bei Karl noch so ausgeprägte) Reisekönigtum ein Ende.

Auf seine Herrschaft war der Monarch sorgfältig vorbereitet worden: Ausgebildet und erzogen wurde der junge Philipp, dessen Mutter Isabella von Portugal früh verstorben war, von Lehrern, die sein Vater ausgesucht hatte; seiner politischen Schulung lagen die berühmten *Instrucciones* zugrunde – umfangreiche und mehrmals aktualisierte Handbücher –, mit denen Karl V. seinen Sohn in der Kunst des Regierens unterwies. Sein Regierungsstil läßt sich als autokratisch und bürokratisch charakterisieren. Der Monarch war der souveräne Mittelpunkt aller politischen Entscheidungen, der Hochadel wurde vom Zentrum der Macht möglichst ferngehalten. Die Zentralverwaltung wurde in den Jahrzehnten seiner Herrschaft zunehmend bürokratisiert; Philipp übte persönlich die Kontrolle über die zahlreichen Gremien und Ratsausschüsse aus, die untereinander nicht koordiniert waren. Dadurch erlangte Antonio Pérez, der Erste Sekretär und faktisch alleiniger Kanzler des spanischen Reiches (1540–1611), eine außerordentliche Machtfülle. Fernand Braudel hat in dem einsamen Mann Philipp vor seinem Papierstapel die Verkörperung des modernen, bürokratisierten Staates gesehen.

Die umfassenden Kompetenzen der königlichen Verwaltung und die persönliche Macht des Monarchen lassen das damalige Spanien als eine „absolute" Monarchie erscheinen. Einschränkend muß allerdings darauf hingewiesen werden, daß aufgrund der Schwerfälligkeit des Verwaltungsapparates und der schlechten Verkehrsverbindungen untergeordnete Instanzen einen relativ großen Handlungsspielraum behielten und die adligen Grundherrschaften an vielen Orten das Recht hatten, Verwaltungsstellen zu besetzen. Da im 16. Jahrhundert außerdem die Krone aus finanziellen Gründen zahlreiche Adelspatente verkaufte, konnte der Einfluß der Aristokratie im Staat kaum reduziert werden. Schließlich verhinderten auch die unterschiedlichen konstitutionellen Formen der Teilreiche, daß sich der monarchische Absolutismus im Land ganz durchsetzen konnte. Seine Grenzen sollte Philipp etwa 1590 kennenlernen, als er einen Kastilier zum Vizekönig in Aragonien machte und der dortige Adel sofort auf seine althergebrachten Rechte und Freiheiten pochte. Als der Konflikt zwischen der Krone von Aragonien und dem Monarchen friedlich nicht zu lösen war, marschierten kastilische Truppen in Zaragoza ein. Schließlich (1592) behandelte Philipp den unterlegenen aragonesischen Adel mild, da er auf enge Zusammenarbeit mit ihm angewiesen war. Die Spannung zwischen dem bürokratischen, kastilisch geprägten Zentralstaat und den traditionellen Rechten der Teilreiche blieb allerdings bestehen und wurde zu einem Grundproblem der neueren spanischen Geschichte.

Im europäischen Kontext machte sich die spanische Hegemonie besonders deutlich in den italienischen Staaten bemerkbar: Die süditalienischen Königreiche und Mailand wurden direkt von Spanien (durch Vizekönige bzw. einen Gouverneur) regiert; bedeutende selbständige Staaten wie Savoyen oder Genua waren außerdem von Spanien abhängig; die verkehrsgünstigen toskanischen Küstenstädte bildeten einen spanisch dominierten „Staat der Festungen" (*Stato dei Presidi*), vor allem gegen türkische Einfälle; auch im Kirchenstaat brachte Philipp II. seinen Einfluß zur Geltung.

Während Philipps Regierungszeit bestanden zwischen Spanien und England besondere Beziehungen. Durch seine Heirat mit Maria (Tudor), der Tochter Heinrichs VIII., war Philipp 1554 formal Mitregent Englands geworden. Die unter Maria eingeleitete Phase der Rekatholisierung Englands – sie ging dabei so gewalttätig vor, daß sie die Bezeichnung *Bloody Mary* erhielt – und des Bündnisses mit Spanien waren jedoch nur kurz, da die Königin schon 1558 starb. Ihre Nachfolgerin Elisabeth I. (1558–1603) steuerte einen eigenständigen Kurs, der zwangsläufig zum Konflikt mit Spanien führen mußte. Die spanische Seemacht wurde damals bereits in amerikanischen Gewässern regelmäßig von englischen Freibeutern wie John Hawkins oder Francis Drake herausgefordert. Philipp fühlte sich stark genug, England durch eine Flotteninvasion in die Knie zu zwingen. Die spanische *Armada* wurde jedoch 1588 in mehreren Gefechten von den Engländern besiegt und schließlich von den Stürmen dezimiert. Auch spätere Invasionsversuche scheiterten. Bei diesen hegemonialen Auseinandersetzungen zwischen England und Spanien spielten auch konfessionelle Erwägungen eine wichtige Rolle, nachdem Schottland mittlerweile im wesentlichen protestantisch geworden war und die englische Staatskirche unter Elisabeth ebenfalls einen deutlich protestantischen Charakter angenommen hatte.

Im europäischen Ringen zwischen den Häusern Habsburg und Valois kam es nach schweren Niederlagen der Franzosen bei St. Quentin (1557) und Gravelingen (1558) zum Frieden von Câteau-Cambrésis (1559), der durch eine dynastische Heirat – zwischen der Tochter Heinrichs II., Elisabeth von Valois, und Philipp II. – bekräftigt wurde. Der Friedensschluß machte die spanische Hegemonie über weite Teile Europas deutlich: Spanien beherrschte damals das westliche Mittelmeer, die Königreiche Neapel, Sizilien und Sardinien, es hatte sich an der toskanischen Küste festgesetzt und verfügte über zahlreiche Stützpunkte an der nordafrikanischen Küste. Jahrzehntelang war Spanien im Krieg mit den „Barbareskenstaaten". Gegen diese und die Osmanen errang es im Bund mit dem Papst und den Venezianern 1571 in der größten Seeschlacht des 16. Jahrhunderts bei Lepanto unter dem Kommando von Don Juan de Austria (1547–1578) einen entscheidenden Sieg. (Der großartige Stratege Don Juan de Austria war ein unehelicher Sohn Karls V. mit der Regensburgerin Barbara Blomberg.) In gewisser Weise stellte der Sieg bei Lepanto den Höhepunkt von Philipps Herrschaft dar. Fortan sollte Spaniens europäische Großmachtstellung stets heftigeren Angriffen ausgesetzt sein.

Der eigentliche Prüfstein für die Politik Philipps war der Aufstand der Niederlande; die Beziehungen zu Frankreich waren (nach dem Frieden von Câteau-Cambrésis 1559) einige Jahrzehnte lang stabil. Philipps Ziel bestand vor allem darin, die habsburgisch-spanischen Besitzungen zu bewahren und den katholischen Glauben gegen innere und äußere Feinde zu schützen. Schon früh sah sich der Monarch gezwungen, bei bestimmten Fragen – etwa den Steuern oder der Stationierung spanischer Streitkräfte – auf die Vorstellungen der „Generalstaaten" (des burgundischen Ständeparlaments) einzugehen. Sein Hauptziel blieb aber das gleiche: die Niederlande enger an die spanische Krone zu binden.

Philipps Unfähigkeit jedoch zu erkennen, daß seine Regierungsweise der spanischen Länder sich nicht auf die spanischen Niederlande anwenden ließ, ohne unweigerlich Konflikte hervorzurufen, führte schließlich zum Abfall der Vereinigten Niederlande. Unter der Regierung Karls V. noch zum Reich gehörend, verloren sie durch die Teilung des habsburgischen Besitzes nach dessen Tod die Verbindung zum Reich und sanken zum Nebenland einer sich als „spanisch" verstehenden Monarchie herab. Die scharfe Religionspolitik Spaniens im 16. Jahrhundert trug dem von Toleranz getragenen Klima in den Niederlanden keine Rechnung und verschärfte die religiöse Grundstimmung. Seit Ende der 50er Jahre kam der Calvinismus von Frankreich aus ins Land, bis Mitte des 17. Jahrhunderts traten mehr als die Hälfte der niederländischen Bevölkerung zum reformatorischen Bekenntnis über.

1566/67 eskalierten die Ereignisse. Die niederländischen Kleinadeligen (*Geusen*) formierten sich in der „Liga", um eine tolerantere Glaubenspolitik von seiten Philipps zu erwirken. Unter der militärischen Leitung des Herzogs von Alba gingen die spanischen Truppen in äußerst brutaler Form gegen die Niederländer vor, was wiederum dazu führte, daß die verschiedenen Strömungen sich unter Führung Wilhelms von Oranien (1533–1584) zu einer umfassenden niederländischen Anti-Spanien-Bewegung zusammenschlossen. Als der „Eiserne Herzog" schließlich noch eine Verkaufssteuer einführte, um die militärische Infrastruktur der Spanier finanzieren zu können, stellte sich sogar die katholische Mehrheit gegen ihn; ein für beide Seiten verlustreicher Krieg sollte sich viele Jahre fortsetzen. Auch Albas Nachfolger Luis de Requesens (1528–1576) und Juan de Austria scheiterten bei dem Versuch, die Niederlande zu „befrieden". Im weiteren Kriegsverlauf näherten sich die katholischen Magnaten Walloniens in der „Union von Arras" 1579 wieder Spanien an, während die protestantischen Nordprovinzen sich im gleichen Jahr in der „Union von Utrecht" zusammenschlossen und ihre (zwei Jahre später proklamierte) Unabhängigkeit vorbereiteten. Der ursprünglich „nationale" Kampf der Niederländer war damit zu einem religiösen geworden.

Während in den Niederlanden der Unabhängigkeitskrieg begann, kam es zum gleichen Zeitpunkt (1567/68) im Gebiet des ehemaligen Emirats Granada zu einem verzweifelten Aufstand der dort friedlich lebenden rund 300 000 *moriscos*; da Philipp ein Zusammengehen dieser Bevölkerungsgruppe mit den Osmanen befürchtete, die ständig Spanien angriffen, ließ er die *moriscos* drangsalieren, was schließlich den Aufstand provozierte. Dieser konnte erst 1570 von Don Juan de Austria niedergeschlagen werden; rund 50 000 *moriscos* wurden über Mittel- und Nordspanien verstreut.

In der Regierungszeit Philipps kamen durch Erbfall noch Portugal und mit ihm das andere überseeische Weltreich unter spanische Herrschaft. Das portugiesische Königshaus, das seit Jahrhunderten mit dem spanischen familiär verflochten war, starb 1578 in der männlichen Linie aus; damals fiel König Sebastian bei einem Feldzug in Marokko. Philipp hatte durchaus dynastische Ansprüche auf den portugiesischen Thron, war er doch der Sohn Isabellas, der ältesten Tochter des portugiesischen Königs Manuel I.; er mußte seinen Anspruch allerdings erst militärisch durchsetzen. Nach der Übernahme der portugiesischen Krone (1580) trieb Philipp eine kluge Portugalpolitik: Die Portugiesen durften sich im wesentlichen selbst regieren, die Vorrechte der Oligarchie wurden kaum beschnitten, alle Gesetze und Bräuche Portugals blieben bestehen. Durch den Anschluß Portugals an die spanische Krone verfügte diese über die größte Handelsflotte der Welt und erweiterte ihr Kolonialreich um ausgedehnte Besitzungen in Amerika sowie entlang der afrikanischen und der indischen Küste. (Zu einer portugiesischen Aufstandsbewegung und zum Abfall von Spanien kam es erst 1640, Jahrzehnte nach Philipps Tod, als seine Nachfolger in Portugal kastilische Steuern einführen wollten.)

Spaniens imperiale Politik führte zur Zerrüttung der Staatsfinanzen. In dem gleichen Jahr 1557, in dem Spanien einen militärischen Sieg über Frankreich erzielte, durch den seine Hegemonialstellung in Europa bis zum Dreißigjährigen Krieg festgeschrieben wurde, mußte das Land aufgrund der Erschöpfung seiner finanziellen Ressourcen zum ersten Mal den Staatsbankrott erklären. Philipp II. sah sich während seiner Regierungszeit viermal gezwungen, die Zahlungen an seine Gläubiger einzustellen; kurzfristige Lösungen bestanden immer wieder darin, die Außenstände in Schuldverschreibungen umzuwandeln und die zu erwartenden Einkünfte der Krone im vorhinein an die Kreditgeber, in- und ausländische Banken, zu verpfänden. Außerdem ließ der Monarch nichts unversucht, die Staatseinkünfte zu erhöhen: Die Kirche mußte Beiträge (*subsidios*) leisten, die Abgaben der Kommunen (*encabezamiento*) wurden bis an die Grenze der Belastbarkeit Kastiliens erhöht, der Verkauf von Ämtern und Herrschaftsrechten nahm zu; vor allem aber war es das amerikanische Silber aus den 1545 entdeckten Minen von Potosí, das die Beibehaltung der teuren militärischen Infrastruktur und die Fortführung der imperialen Politik ermöglichte, durch die Spanien zusehends in die französischen Religionskriege und in die Auseinandersetzungen mit England verstrickt wurde. Trotzdem überschritten die jährlichen Ausgaben von ca. zwölf Millionen Dukaten deutlich die Einnahmen, die maximal zehn Millionen erreichten.

Immer mehr verstand sich im Spanien der Frühen Neuzeit der Staat als Garant des göttlichen Auftrags der Kirche; die Interessen der Kirche mußten stets den staatlichen Erfordernissen und Bestrebungen untergeordnet bleiben. Philipp erhob den Anspruch, „königlicher Beschützer der Kirche" zu sein; daraus leitete er königliche Vorrechte ab. Diese Politik wurde „Regalismus" genannt; sie führte, vor allem im 17. und 18. Jahrhundert, immer wieder zu Reibereien zwischen den spanischen Herrschern und den Päpsten. Trotz aller innerkirchlicher Probleme und der vielfältigen Spannungen zwischen Spanien und dem Heiligen Stuhl blieb das Land allerdings in der Einheit des Glaubens ein Bollwerk der Katholischen Kirche.

In der vor allem von Briten und Niederländern geschaffenen „schwarzen Legende" (*Leyenda negra*) figuriert Philipp II. als durchtriebener, von katholischem Missionseifer besessener Despot, als Kriegstreiber und einer der ersten Bürokraten der Weltpolitik. Daneben gab es aber einen Philipp, dessen Neigungen kaum in das Bild des katholischen „Ungeheuers" passen. Henry Kamen hat mit neuen Dokumenten jüngst eine umfassende Darstellung des Privatlebens des Herrschers veröffentlicht, seine musischen und künstlerischen Interessen skizziert, den Aufbau einer beachtlichen Bibliothek beschrieben, seine Studien unterschiedlichster (auch häretischer) Texte hervorgehoben. Beeindruckend ist die (bis heute in El Escorial zu besichtigende) umfangreiche Sammlung der Gemälde von Tizian, Tintoretto, Velázquez und El Greco. Philipp II. bleibt für die Nachwelt eine der faszinierendsten Persönlichkeiten der spanischen Geschichte, die Diskussion um die Einschätzung seiner Herrschaft geht weiter.

III. Hegemonie und Niedergang (17. Jahrhundert)

Mit dem Regierungsantritt Philipps III. (1598–1621) begann die Phase spanischer Geschichte, in der *validos* die Regierungsgeschäfte übernahmen; die schwachen Herrscherpersönlichkeiten des 17. Jahrhunderts zeigten wenig Interesse an der direkten Ausübung der Regierung, sie überließen sie vielmehr ihren Günstlingen, die als „Premierminister" fungierten. Bei Philipp III. übernahmen diese Rolle der Herzog von Lerma und später dessen Sohn, der Herzog von Uceda, bei Philipp IV. der Conde-Duque de Olivares, bei Karl II. waren es zuerst Fernando de Valenzuela, dann Prinz Juan José de Austria, sodann der Herzog von Medinaceli, schließlich der Graf von Oropesa.

Das 17. Jahrhundert gilt in der spanischen Geschichtsschreibung als eine Phase des Verfalls und Niedergangs. Die erste Hälfte des Jahrhunderts war noch von Kämpfen um die Bewahrung der hegemonialen Position in Europa und auf den Weltmeeren beherrscht, danach war die Dekadenz unübersehbar. Es begann mit einer verheerenden Pestepidemie (1598–1602), unter der vor allem Kastilien zu leiden hatte; sie kostete rund 500000 Menschen, acht Prozent der kastilischen Bevölkerung, das Leben. Aufgrund weiterer Epidemien und Mißernten kam es zu einem deutlichen Rückgang der Bevölkerung – allein in Kastilien von 8,3 Millionen (1598) auf ungefähr 6,6 Millionen in der zweiten Hälfte des 17. Jahrhunderts. Die wirtschaftliche und demographische Expansionsphase Kastiliens hatte bis in die 1570er Jahre angehalten; die darauf folgende demographische Kontraktionsphase erreichte zwischen 1650 und 1660 ihren Tiefpunkt, als die spanische Bevölkerung ihren niedrigsten Stand der Neuzeit aufwies. 1609 wies Philipp III. außerdem die wirtschaftlich aktive Gruppe der *moriscos*, der getauften Moslems, aus – angeblich, um die Gefahr ihrer möglichen Zusammenarbeit mit den nordafrikanischen Piraten zu bannen. Rund 273 000 Personen wurden vertrieben; einzelne Landesteile verloren durch die Vertreibung erhebliche Bevölkerungsgruppen, Aragonien etwa 15,2 Prozent, Valencia sogar 21,1 Prozent. Die ökonomischen Folgen, vor allem für Landwirtschaft und Gewerbe, waren verheerend.

Der allgemeine Niedergang Spaniens machte sich am Hofe kaum bemerkbar; im Gegenteil: Günstlingswirtschaft und eine aufwendige Hofhaltung, kostspielige Jagdpartien und höfische Vergnügungen prägten den königlichen Alltag. Während Glanz und Prachtentfaltung sowie die kulturelle Blüte des Landes im *Siglo de Oro*, dem „Goldenen Zeitalter" von Kunst und Literatur, ihren Höhepunkt erreichten, griff die wirtschaftliche und soziale Krise im Land immer weiter um sich. Um gegen den allgemeinen Niedergang anzugehen, wurden viele politisch-wirtschaftliche Reformprojekte veröffentlicht; ihre Autoren wurden *arbitristas* [Entwerfer von Projekten] genannt. Die von ihnen publizierten Traktate hatten im 17. Jahrhundert Hochkonjunktur. In ihnen wurde Klage über den allzu großen Steuerdruck geführt, das Erfordernis eines besseren Arbeitsethos formuliert, Anklage gegen die Verschwendungssucht der höheren Stände erhoben und die Forderung nach Verteilung des landwirtschaftlich nutzbaren Bodens aufgestellt. Viele dieser Vorschläge wurden auch in die Praxis umgesetzt. Bald machte sich jedoch das chronische Übel der Finanzknappheit – auch wegen der Verschwendungssucht der Krone und des höfischen Lebensstils der *validos* – erneut bemerkbar; zu ihrer Bekämpfung wurde in größerem Umfang minderwertiges Kupfergeld (*vellones*) ausgegeben. Die Folge war eine massive Inflation. Um die Staatskasse zu füllen, wurden Ämter und Grundherrschaften verkauft, neue Steuern eingeführt, der Silberabbau in Amerika forciert.

Letztlich waren für den Zustand der spanischen Wirtschaft unter den Habsburgern zwei eher außen- oder reichspolitische denn rein ökonomische Faktoren entscheidend: zum einen die engere Anbindung Spaniens an das westeuropäische Handelssystem, zum anderen die Handelsbeziehungen mit Hispanoamerika. Erstere resultierte aus der europäischen Dimension der Habsburgerdynastie, durch welche die ökonomisch entwickelten Gebiete Flanderns, Norditaliens und Süddeutschlands in engen Wirtschaftskontakt zu Spanien traten, was zu einem Warenaustausch mit für Madrid zunächst negativer Zahlungs- und Handelsbilanz führte; letztere hatten ein „offenes" Wirtschaftssystem mit Übersee zur Folge, das (bei fehlendem Protektionismus) ausländischen Produkten hervorragende Absatzchancen in Spanien eröffnete. Das 1543 in Sevilla gegründete Handelskonsulat vereinigte alle Großkaufleute, die mit dem Ausland Handelsbeziehungen unterhielten; auch viele Nicht-Spanier (Genuesen, Flamen, Holländer, Engländer, Hanseaten, Franzosen) ließen sich am unteren Guadalquivir nieder. Seit Holländer und Hanseaten einen Großteil des überseeischen Transports übernahmen, entwickelte sich Cádiz (ab 1630) zum wichtigsten Atlantikhafen.

Ein weiterer Faktor sollte sich als bedeutsam erweisen: Während der Frühen Neuzeit behielten die (Teil-)Königreiche, aus denen sich Spanien zusammensetzte, weitgehend ihre wirtschaftliche Eigenständigkeit bei: ihre Zölle, ihr Finanz- und Geldsystem, ihre Wirtschaftsstruktur. Da weder der Staats- noch der Kastilienrat Rechtshoheit über nicht-kastilische Gebiete hatten, verfügte das Reich über keine zentrale Planungs- und Entscheidungsstelle, von der aus eine nationale Wirtschaftspolitik hätte betrieben werden können. Der Binnenhandel war zersplittert, Feudalrechte (wie Wegezölle) bestanden fort, die Transporte zwischen den Häfen der Peripherie und dem Binnenland waren umständlich und kostspielig. Hinzu kamen gravierende wirtschaftspolitische Fehler der Herrscher: Seit den Katholischen Königen wurde die Landwirtschaft, insbesondere die Getreideproduktion, vernachlässigt. Außerdem wurde die kastilische Wirtschaft nicht mit der der übrigen Teilreiche verbunden. Kastilien blieb auf den Atlantik, Aragonien auf das Mittelmeer orientiert. Unter diesen Strukturschwächen sollte die spanische Wirtschaft bis weit ins 19. Jahrhundert leiden.

Die verfassungsrechtliche Komplexität Spaniens, die auch in der regionalen Vielfalt der Wirtschaftsbestimmungen zum Ausdruck kam, war Hintergrund der umfassenden Reformbemühungen der dominierenden politischen Gestalt des 17. Jahrhunderts, des Conde-Duque de Olivares. Philipp IV. (1621–1665) übertrug bei seinem Amtsantritt sofort seinem Günstling Olivares die Rolle des *valido*. Dieser sollte über 20 Jahre lang die Führung der Amtsgeschäfte innehaben. Als Hauptziel seiner Regierung läßt sich die „Vereinheitlichung" des spanischen Reiches bezeichnen; ein gesamtspanisches Einheitsbewußtsein sollte geschaffen, der Hochadel und der höhere Klerus in ihren Rechten beschnitten, die lokalen Oligarchien in ihrer Machtausübung beschränkt werden. Das umfassende Reformprogramm Olivares' war absolutistisch und merkantilistisch geprägt. Außenpolitisch ging es ihm darum, die politische Vorherrschaft Spaniens in Europa zu wahren, innenpolitisch sollte vor allem die Wirtschaft durch vielfältige Reformen angekurbelt werden. Beides mißlang dem einflußreichen *valido*.

Vorerst konnten zwar durch Spar- und Umschuldungsmaßnahmen gewisse Erfolge im finanzpolitischen Sektor erzielt werden; der Widerstand der Stände und der Städtevertreter in den *Cortes* verhinderte aber die Durchführung zahlreicher Reformprojekte. Hinzu kamen die erneute Verschlechterung der außenpolitischen Situation und die Notwendigkeit, sich militärisch wieder den Auseinandersetzungen in den Niederlanden stellen zu müssen. Nach 1588 hatten der spektakuläre Untergang der *Armada* und das spanische Engagement im französischen Bürgerkrieg den niederländischen „Generalstaaten" eine willkommene außenpolitische und militärische Entlastung gebracht; 1609 war es zu einem zwölfjährigen Waffenstillstand gekommen, nach dessen Auslaufen die Kämpfe zwischen Spa-

nien und den aufständischen Provinzen allerdings wieder auf-
flammten. Längst ging es nicht mehr nur um religiöse oder
nationale Ziele, sondern um die Vorherrschaft auf den Weltmeeren und die Kontrolle der überseeischen Kolonialgebiete.
Zwischenzeitlich war die niederländische Unabhängigkeit international schon weitgehend anerkannt worden. Der wieder-
begonnene Krieg brachte in den 1620er Jahren für keine von
beiden Seiten einen entscheidenden Durchbruch. Ein endgülti-
ger Friedensschluß kam erst nach langen, zähen Verhandlungen im Jahr des Westfälischen Friedens in Münster (1648) zu-
stande; die „Republik der Vereinigten Niederlande" wurde als
souveräner Staat anerkannt. Bei Spanien verblieben nur noch
die südlichen Niederlande, die fortan eine Art „Barrierestatus"
gegenüber Frankreich erhielten.

1627 begann auch ein abermaliger Krieg gegen Frankreich
um die norditalienischen Besitzungen. Als Olivares versuchte,
Katalonien stärker zu den Kriegsanstrengungen gegen Frankreich heranzuziehen, führte dies zu Spannungen zwischen
Madrid und Barcelona; auch in anderen Landesteilen, etwa im
Baskenland, machte sich Unwille, die steigenden Kriegskosten
zu tragen, bemerkbar. 1640 entlud sich schlagartig die unter-
schwellige Spannung mit dem Ausbruch „protonationaler"
Aufstände in Katalonien und Portugal, während die Monarchie Philipps IV. gerade äußerste militärische Anstrengungen
gegenüber Frankreich, den Vereinigten Niederlanden und
Schweden zu unternehmen hatte. Die mit der Madrider Politik
seit längerem unzufriedenen Katalanen brachen ihre Beziehungen zu Kastilien ab und erkannten Ludwig XIII. von Frankreich als ihren Souverän an. Damit war das große politische
Projekt von Olivares, die Einheit des Reiches zu forcieren, gescheitert. Der katalanische Aufstand machte abermals deutlich, was für ein fragiles und höchst ambivalentes Gebilde die
spanische Monarchie war, da sie – trotz der eindeutigen Vorherrschaft Kastiliens – von ihrem Ursprung und ihrer verfas-
sungsrechtlichen Konstruktion her kein einheitliches Ganzes
war. Neuere Werke sprechen denn auch von einer „zusammen-
gesetzten" Monarchie (*monarquía compuesta*), und in zeitge-

nössischen Werken war häufig von den Königen „der spanischen Länder" (*de las Españas*, im Plural) die Rede. Zu Beginn der 1640er Jahre war das Scheitern von Olivares' Politik nicht mehr zu übersehen, und Philipp IV. entzog seinem Favoriten 1643 das Vertrauen. Katalonien konnte später allerdings für Spanien zurückgewonnen werden.

1640 kam es auch zur Abspaltung Portugals; der Sezessionsakt hatte sich schon seit Jahren angekündigt, nachdem Steuererhebungen und die Rückschläge in der überseeischen Kolonialpolitik zu einer weitverbreiteten antispanischen Stimmung in Portugal geführt hatten. Der Herzog von Bragança wurde portugiesischer König; spanische Rückeroberungsversuche in den folgenden Jahren scheiterten, nachdem Portugal ein Bündnis mit England und Frankreich eingegangen war. Mitte des 17. Jahrhunderts befand sich die spanische Monarchie innen- und außenpolitisch in einer äußerst heiklen Lage:

Die Niederlande und Portugal hatten sich unabhängig gemacht, Katalonien konnte nur mit Mühe bei Spanien gehalten werden, in Neapel griffen (von Frankreich geförderte) Abspaltungsbewegungen um sich, in ganz Andalusien kam es 1647–1652 zu zahlreichen lokalen Aufständen und Hungerrevolten, der Krieg mit Frankreich hielt an. Der fortbestehende, längst unrealistische Primat der Großmachtpolitik beherrschte stets die Finanz- und Innenpolitik und wirkte sich ruinös für Spanien, insbesondere für Kastilien, aus. Selbst der Verkauf von 200 000 Vasallen, rund vier Prozent der Bevölkerung Kastiliens, an europäische Herrscher und die weitere Erhöhung der Steuerlast konnten keine Kostendeckung des Staatshaushaltes bewirken. Die Krone blieb auf die Finanzierung durch genuesische und portugiesische Bankiers angewiesen, denen sie zur Sicherheit Pfandrechte auf künftige Staatseinnahmen und amerikanische Silberlieferungen übertrug. Trotz aller Bemühungen mußte 1627, 1647 und wieder 1652 der Staatsbankrott erklärt werden.

Die spanische Gesellschaft jener Zeit war – wie im übrigen Europa auch – durch ihren ständischen Charakter und hierarchischen Aufbau bestimmt. An der Spitze standen Adel und

Klerus, zu deren Privilegien Steuerfreiheit, gewisse rechtliche Bevorzugungen und soziale Hervorhebung gehörten. Das Gesellschaftssystem war nicht hermetisch abgeschlossen, ein gewisser sozialer Aufstieg war (vor allem in der Kirche) durchaus möglich. Aus finanzieller Not gingen die Herrscher auch häufig dazu über, Adelsbriefe zu verkaufen und so den wirtschaftlich Erfolgreichen eine gewisse soziale Aufwärtsmobilität zu ermöglichen. Eine bürgerliche Mittelschicht fehlte weitgehend, vor allem in Kastilien; in einem Großteil der Literatur wird diese Eigenart der spanischen Gesellschaftsstruktur mit der Dominanz von politisch-religiösen Herrschaftsidealen zu Lasten einer dynamischen Wirtschaftsmentalität erklärt. Die weitaus größte soziale Schicht stellte mit rund 80 Prozent die Landbevölkerung, deren umfangreichster Teil wiederum herrschaftlicher Gerichtsbarkeit unterstand und vom wirtschaftlichen Einfluß weltlicher beziehungsweise geistlicher Herren abhängig war. Die ländliche Gesellschaftsstruktur war sehr differenziert; in Andalusien überwogen bei weitem die Tagelöhner (ohne eigenes Land), in Kastilien gab es viele mittlere Bauern, in Galicien herrschte ein Unter- oder Weiter-Pachtsystem vor, in Katalonien waren durch den Schiedspruch von 1486 die abhängigen zu freien Bauern geworden, die sich durch relativ große soziale Stabilität auszeichneten. Vor allem für die niederen sozialen Schichten waren die Folgen von Mißernten, Epidemien (Pest) und Kriegsmaßnahmen verheerend: Mitte des Jahrhunderts starben in den spanischen Teilreichen in Europa rund eine Million Menschen an den Folgen einer gewaltigen Pestepidemie, ganze Landstriche wurden – auch infolge ausbleibender Ernten – entvölkert.

Spanien war von Anfang an in den Dreißigjährigen Krieg hineingezogen worden, mußte es doch seine Landverbindung zwischen Italien und den Niederlanden sichern. Als 1648 schließlich in Münster und Osnabrück der Westfälische Friede unterzeichnet wurde, bedeutete dies für das völlig ausgelaugte Land vorerst eine wichtige Entlastung. In vielen Punkten gelangten die Rivalen um die Vorherrschaft in Europa, Spanien und Frankreich, allerdings zu keiner Einigung; die Feindseligkeiten wurden daher auch nicht eingestellt. Frankreichs (tatsächlich auch erreichtes) Hauptziel bestand darin, die Gefahr einer Einkreisung durch die Habsburger abzuschütteln und eine hegemoniale Stellung in Europa zu erlangen. Mit dem Frieden von 1648 mußte Spanien endgültig den Traum eines katholischen Reiches in einem von Madrid beherrschten Europa aufgeben. Somit beendete der Westfälische Friede gewissermaßen das Zeitalter der Gegenreformation, in dem Spanien in seinem Bemühen, mit Hilfe von Papst und Kaiser den Katholizismus europaweit zu restituieren, eine führende Rolle gespielt hatte.

In den auf den Friedensschluß folgenden Jahren kehrten Barcelona und der größte Teil Kataloniens in die Obhut Philipps IV. zurück. Diese teils freiwillige, teils erzwungene Wiedereingliederung fand während der kritischen Jahre des französischen Bürgerkriegs der *Fronde* statt. Nach vielen Jahren Krieg war es Katalonien im Ringen zwischen Frankreich und Spanien gelungen, seine geschichtliche und verfassungsrechtliche Identität zu einem Gutteil zu bewahren; seine territoriale Integrität wurde jedoch um das Roussillon beschnitten. Der Krieg zwischen Frankreich und Spanien wurde erst 1659 mit dem auf der „Fasaneninsel" des Grenzflusses Bidasoa geschlossenen „Pyrenäenfrieden" beendet, der das bereits seit 1648 erkennbare französische Übergewicht in Europa bestätigte. Fortan bildeten die Pyrenäen (endgültig) die Grenze zwischen beiden Staaten. Im Norden gewann Frankreich außerdem noch Teile der spanischen Niederlande, Flanderns und Luxemburgs hinzu. Darüber hinaus enthielt der Pyrenäenfrieden eine Heiratsvereinbarung zwischen María Teresa, der ältesten Tochter Philipps IV., und Ludwig XIV. von Frankreich, was in Paris die Hoffnung nährte, einst das Erbe des spanischen Weltreiches antreten zu können.

Spätestens mit dem Pyrenäenfrieden hatte das Zeitalter der spanischen Vorherrschaft seinen Abschluß gefunden; allmählich brach das Reich Karls (I./V.) auseinander. Im Frieden von Aachen (1668) mußte Spanien auf strategisch wichtige Plätze in Flandern verzichten, zehn Jahre später hatte es seine Stellung in der Franche-Comté, der Freigrafschaft Burgund, zugunsten Frankreichs zu räumen, im Frieden von Rijswijk (1697) erhielt Frankreich weitere spanische Gebiete übertragen.

Als Philipp IV. starb (1665), übernahm seine Witwe Maria Anna von Österreich die Regentschaft, da sein Sohn, der spätere König Karl II., zu diesem Zeitpunkt erst vier Jahre alt war. Gegen den übermächtigen Einfluß am Hof des Jesuiten Eberhard Nithard rebellierte Juan José de Austria (1629–1679), ein unehelicher Sohn Philipps IV. mit der Schauspielerin María Calderón. Dieser erfüllte jedoch – trotz seiner unzweifelhaften Begabung und Beliebtheit – die zahlreichen und hohen in ihn gesetzten Erwartungen nicht, die spanische Politik wies in den Folgejahren keine Zielstrebigkeit auf.

Innenpolitisch war das Land, dem eine straffe Führung fehlte, durch Kompetenzstreitigkeiten gelähmt; die Verwaltungsbürokratie war zwar aufgebläht, aber unwirksam. Kastilien konnte seine Vorherrschaft über die anderen Teilreiche nicht effizient aufrechterhalten, Spanien wurde wieder zu einem Verband von nur lose miteinander verflochtenen, weitgehend autonomen Landesteilen. In der Historiographie ist nicht nur von einem Versagen der letzten Habsburger, sondern der gesamten Führungsschicht die Rede. Der Provinzadel konnte seine Privilegien und Macht ausweiten, der Landbesitz der Aristokratie wurde erweitert, der Klerus nahm an Zahl und Reichtum zu.

Besonders kritisch war die Entwicklung im wirtschaftlichen Bereich. Zwischen 1663 und 1680 etwa mußten allein in der Gegend von Toledo an die 7000 Webstühle stillgelegt werden; einen ähnlichen Rückgang registrierte die Wollproduktion von Segovia. Der Handel (mit Süditalien und den überseeischen Kolonien) erlitt drastische Einbußen, ein Großteil ging in ausländische Hände über. Infolge einer katastrophalen Verkehrsinfrastruktur führten Mißernten zu Hungerjahren in vielen Landesteilen, die Landwirtschaftsproduktion war rückläufig. Der ökonomische Niedergang wiederum bewirkte Steuerausfälle; diese führten ihrerseits zu Abgabenerhöhungen, was die Not der (kastilischen) Bevölkerung weiter ansteigen ließ. Aus diesem Teufelskreis schien es kein Entrinnen zu geben. Das Erlebnis des Niedergangs, der „Dekadenz", war die existenzielle Erfahrung einer ganzen Generation von Schriftstellern und Intellektuellen, die als *arbitristas* sich vielfältige Gedanken zu den Gründen für den Niedergang und zu dessen Bekämpfung machten.

In der neueren Historiographie wird verstärkt darauf hingewiesen, daß sich in den letzten Jahrzehnten des 18. Jahrhunderts eine allgemeine wirtschaftliche Besserung abzeichnete. Der letzte Habsburger Karl II. (1665–1700) wird üblicherweise als schwächlich und inkompetent, ja: als „der Verhexte" *(El hechizado)* dargestellt; bei der negativen Beschreibung seiner Herrschaft ist lange Zeit übersehen worden, daß die Regierungszeit Karls II. eine Phase umfassender Reformen ankündigte. Durch verschiedene Finanzdekrete in den 1680er Jahren wurde eine Währungsreform durchgeführt, durch die Spanien schließlich ein stabiles Währungssystem erreichte. Der „Handelsrat" *(Junta de Comercio)* verfolgte eine merkantilistische Politik und führte vielfältige Reformen (Ansiedlung und Ausbau der Seidenindustrie, Förderung des Weinbaus, Modernisierung des Zunftwesens) durch. Der Steuerdruck auf Kastilien ließ nach, das System der Finanzverwaltung wurde gestrafft. Mit all diesen Maßnahmen wurden Grundsteine für die wirtschaftliche Wiedererstarkung Spaniens gelegt; sichtbar sollte diese allerdings erst im nächsten Jahrhundert werden.

Außenpolitisch war aufgrund der inneren Schwäche und dynastischen Krise Spaniens (bei gleichzeitiger Machtsteigerung Frankreichs) nicht zu erwarten, daß es bei der Besitzstandsregelung des Pyrenäenfriedens bleiben würde. Der prekäre Gesundheitszustand des letzten Habsburgers auf dem spanischen Thron und seine Kinderlosigkeit ließen die europäischen Höfe ständig begierig nach Spanien schielen. 1700 kam es beim Tode Karls auch tatsächlich zum Krieg um das spanische Erbe. Verschiedene Möglichkeiten standen zur Diskussion: Entweder ging das spanische Erbe an die österreichische Linie der Habsburger über (was auf französischen Widerstand stieß und auch dem englischen Interesse an einem europäischen Gleichgewicht widersprach); oder ein Bourbone erhielt den spanischen Thron (was Ludwig XIV. wegen seiner Heirat mit der Tochter Philipps IV. reklamierte, wogegen aber die habsburgischen Ansprüche und die englische Gleichgewichtspolitik standen); als weitere Option wurde der Übergang des spanischen Erbes an einen weniger mächtigen Fürsten debattiert, etwa Joseph Ferdinand, den Sohn des Kurfürsten von Bayern (wogegen sich Habsburger und Bourbonen aussprachen); schließlich gab es mehrere Teilungspläne, denen zufolge die Erbmasse im wesentlichen zwischen Habsburgern und Bourbonen aufgeteilt werden sollte.

Karl II. versuchte noch kurz vor seinem Tode, das Erbe ungeteilt zu erhalten, indem er es Philipp von Anjou, dem zweiten Sohn des Dauphins und Enkel Ludwigs XIV., zusprach. Da schließlich auch der „Sonnenkönig" diesen Plan unterstützte, wurde Philipp (V.) im Schloß von Versailles zum König von Spanien proklamiert. Das aber bedeutete Krieg mit dem Reich, von dessen Seite der zweite Sohn des Kaisers, Erzherzog Karl, als Karl III. einige Zeit später (1703) in Wien zum (Gegen-) König von Spanien proklamiert wurde.

Obwohl Philipp V. zwischenzeitlich in Spanien schon als König anerkannt worden war, führte die Kriegserklärung zu einer Polarisierung der latent stets vorhandenen Gegensätze auf der Iberischen Halbinsel. Die Länder der Krone von Aragonien bekannten sich zu Karl, Kastilien unterstützte Philipp. Damit wurden die beiden Prätendenten zugleich (und unfreiwillig) im Verlauf des Erbfolgekrieges (1701–1713/14) zu Repräsentanten zweier „Staatsmodelle": Während Philipp für die Idee einer zentralisierten, absoluten Monarchie stand, wurde Karl mit der Autonomie der peripheren Reichsteile identifiziert. Bis 1706 konnte Karl, der von den Seemächten England und Holland sowie von Portugal unterstützt wurde, große Teile (Ost-)Spaniens erobern und schließlich Madrid einnehmen, wo er (erneut) zum König proklamiert wurde. Danach wandte sich das Kriegsglück wieder dem Bourbonen zu, Karl mußte sich in Barcelona verschanzen.

Als 1711 plötzlich Kaiser Joseph I. starb, kam als Nachfolger nur sein Bruder Karl in Frage, der in Spanien um die Krone kämpfte. Diese neue Konstellation – Karl wurde im Oktober 1711 zum Kaiser gewählt – führte bald danach zur Beendigung des Spanischen Erbfolgekrieges und im April 1713 zum Frieden von Utrecht: Die spanische Krone ging an die Bourbonen über, Spanien mußte Menorca (bis 1782) und Gibraltar (bis heute) an England abtreten. Im sogenannten *Asiento*-Vertrag mußte Spanien außerdem den Engländern das Monopol des Sklavenhandels mit Amerika bestätigen. Das (bisher spanische) Königreich Sizilien ging an Savoyen über. Der ein Jahr später (1714) zwischen Frankreich und dem Kaiser geschlossene Friede von Rastatt brachte dem Haus Österreich deutliche territoriale Gewinne: die ehemals spanischen Niederlande, Mailand, Mantua, Neapel, Sardinien und den „Stato dei Presidi" an der toskanischen Küste.

Der Spanische Erbfolgekrieg beendete nicht nur die spanische Hegemonie in Italien; er führte auch zu weiteren territorialen Veränderungen. Die Hauptkontrahenten waren fortan Österreich (das Haus Habsburg) und Frankreich (das Haus Bourbon). Das auf Kastilien gegründete (burgundisch-)habsburgische Großreich war endgültig zerschlagen, Spanien hatte seine Vorherrschaft in Europa definitiv verloren.

IV. Das Zeitalter der Reformen (18. Jahrhundert)

Der Erbfolgekrieg zeitigte für Spanien vielfältige innenpolitische Wirkungen: Es kam nicht nur zum dynastischen Wechsel von den Habsburgern zu den Bourbonen. Entscheidend für die weitere Entwicklung war die verfassungsrechtliche Änderung der überkommenen politischen Struktur der spanischen Monarchie. König Philipp V. (1700–1746) bestrafte nämlich die Landesteile, die im Krieg auf Seiten Karls gestanden hatten, mit dem Entzug ihrer hergebrachten Selbstverwaltungsrechte. Das neue Grundgesetz von 1716 (*Decretos de Nueva Planta*) eliminierte die politischen Sonderverfassungen Kataloniens und Aragoniens, führte kastilisches Verwaltungsrecht ein, bewirkte eine politische Gleichstellung aller Landesteile – nur die loyal gebliebenen Regionen Navarra und Baskenland durften ihre Sonderrechte beibehalten! – und stärkte somit die Madrider Zentralgewalt. Erst jetzt kann man von einer Durchsetzung des absoluten Einheitsstaates in Spanien sprechen.

Die Verwaltungsreformen der Folgezeit dienten der Stärkung der absolutistischen Zentralgewalt: Das System der kollegialen zentralen Ratsbehörden (*Consejos*) wurde abgeschafft, auf bürokratischer Grundlage beruhende moderne Ressortministerien wurden eingeführt; die *Cortes* von Kastilien übernahmen die Ständevertretung für die Gesamtmonarchie, ihre Rechte wurden jedoch zugleich weiter eingeschränkt; das Heer erfuhr eine gründliche Reform und Verstärkung, die Einberufungen beruhten auf dem System der Auslosungen (*quintas*) und Zwangsrekrutierungen; es wurde mit dem Neuaufbau einer (im Krieg von den Briten zerstörten) Flotte begonnen; zur Schaffung eines einheitlichen Handels- und Wirtschaftsraums wurden die Binnenzölle aufgehoben, zur Belebung der Industrie sollten bevorzugte *fábricas reales* [königliche Manufakturen] dienen. Im Bildungsbereich kam es zur Gründung bedeutender Akademien: 1714 der Königlichen Akademie der Sprache, 1738 der Königlichen Geschichtsakademie, 1744 der Königlichen Akademie der Schönen Künste. Vor allem die Sprachakademie trug – in Verbindung mit der Unterdrückung anderer Sprachen (Galicisch, Katalanisch) als Amts- und Unterrichtssprachen – zur Durchsetzung des Kastilischen als spanische Nationalsprache bei.

Für das gesamte 18. Jahrhundert lassen sich einige politische Grundkonstanten herausarbeiten: Den Herrschern ging es um die Durchsetzung eines zentralistischen Regiments und des monarchischen Absolutismus bei gleichzeitiger Zurückdrängung der politischen Machtstellung der Kirche. Die (vorher bereits faktisch bestehende) Dominanz Kastiliens wurde verfassungsrechtlich institutionalisiert; literarisch-kulturell setzte sich die Sprache Kastiliens als gesamtspanische Amts- und

Verkehrssprache durch, das Katalanische und Valencianische verloren ihren Charakter als Hochsprachen. In der zweiten Hälfte des Jahrhunderts griff eine neue Ethik der Arbeit und des Utilitarismus um sich. Der enzyklopädisch gebildete Schriftsteller, Staatsmann, Jurist und aufgeklärte Reformer Gaspar Melchor de Jovellanos (1744–1811) trug wesentlich zur Popularisierung der wirtschaftsliberalen und freihändlerischen Ideen Adam Smiths in Spanien bei; auf ihn geht der *Informe sobre la ley agraria* zurück, eine der bedeutendsten Reformschriften der spanischen Aufklärung.

Durch die Friedensschlüsse von Utrecht (1713) und Rastatt (1714) hatte Spanien zwar seine zentraleuropäischen und italienischen Besitzungen verloren; Philipp V. und seine zweite Gattin Elisabetta Farnese von Parma waren jedoch nicht bereit, die neuen Realitäten ohne weiteres zu akzeptieren; sie wandten sich vielmehr von Frankreich ab und waren bestrebt, die italienischen Besitzungen Spaniens wieder zu erobern. Unter der außenpolitischen Orientierung von Julio Alberoni ging es ihnen zuerst darum, Spaniens Position international abzusichern; sodann stand die Rückgewinnung Sardiniens und Siziliens auf dem Programm. Das kriegerische Bestreben wurde jedoch von den europäischen Mächten, die sich in einer Quadrupelallianz zur Verteidigung der Utrechter und Rastatter Bestimmungen zusammengefunden hatten, unterlaufen; eine englische Flotte zerstörte 1718 die wiederaufgebaute spanische *Armada* in der Nähe von Messina; damit war der abermalige Mittelmeertraum Spaniens zerstört.

Trotz dieser und anderer außenpolitischer Aktivitäten, vor allem in der zweiten Hälfte des Jahrhunderts – mit Frankreich wurden „bourbonische Familienpakte" geschlossen, im Mittelmeerraum und in Nordafrika betrieb Spanien eine sachliche Interessenpolitik, das Land beteiligte sich am Siebenjährigen Krieg, am nordamerikanischen Unabhängigkeitskampf und später an den Französischen Revolutionskriegen –, läßt sich das 18. Jahrhundert im wesentlichen als ein Zeitalter innenpolitischer Reformen bezeichnen. Die staatliche Reformpolitik der Bourbonen umfaßte nahezu alle Bereiche: die Wirtschafts-

und Sozialordnung, Staat und Kirche, Kultur und Militär. Der *reformismo borbónico* ist geradezu ein Charakteristikum des Jahrhunderts.

Im Verlauf des Jahrhunderts verstärkten sich die staatlichen' Einmischungen in kirchliche Angelegenheiten. Die Bourbonen begründeten ihre Form des Regalismus zum einen mit dem angeblich göttlichen Ursprung der absoluten Gewalt des Monarchen, zum anderen mit dem königlichen Patronat (aus dem sich auch das Missionspatronat über Amerika herleitete), das endgültig (nach mehreren Vorstufen) in seiner umfassendsten Form im Konkordat von 1753 festgelegt wurde. Der bedeutendste Theoretiker des Regalismus war damals Melchor Rafael de Macanaz (1670–1760); in seinen Schriften prangerte er die Einflußnahme der römischen Kurie in Spanien an; er wandte sich gegen die Anhäufung von Immobilienbesitz durch den Klerus und machte weitere Reformvorschläge zur Begrenzung der kirchlichen Macht.

Führend bei der Entwicklung von Reformkonzepten in den verschiedenen staatlichen und wirtschaftlichen Bereichen waren die neugegründeten „patriotischen" Gesellschaften – *Sociedades Económicas de Amigos del País* –, die zu Plattformen des ökonomischen Reformismus und der politischen Meinungsbildung wurden. Einige aufgeklärte Reformer überragten alle anderen: In der Zeit Philipps V. waren dies der Merkantilismus-Theoretiker Gerónimo de Uztáriz mit seinem grundlegenden Werk *Teoría y práctica de comercio y marina* (1724); José Patiño, der „Colbert Spaniens", dem es mit der Gründung von Musterbetrieben vor allem um die Belebung der Industrie im ökonomisch darniederliegenden Kastilien ging; der Finanz-, Marine- und Kolonialminister José del Campillo y Cossío, der ein strafferes Verwaltungssystem für die amerikanischen Überseegebiete durchsetzte. Für die Regierungsjahre Ferdinands VI. (1746–1759) ist besonders der Marquis von Ensenada (Cenón de Somodevilla) zu nennen, der ebenfalls „Universalminister" war und in dieser Funktion 1757 zur Erhöhung der Steuereinnahmen eine umfassende Datenerhebung der Einkommens- und Vermögenssituation in Kastilien („Kataster von Ensenada") vornehmen ließ sowie nach französischem Vorbild Provinz- und Heeresintendanten beziehungsweise Generalkapitäne einführte, die eine effiziente Verwaltung sicherstellen sollten. Karl III. (1759–1788) konnte auf eine Reihe herausragender Aufklärer als Mitarbeiter zurückgreifen: auf den Verwaltungsjuristen Pedro Graf von Campomanes, der den staatlichen Zentralismus und die führende Rolle des Berufsbeamtentums betonte; auf den Kronanwalt des Kastilienrates José Graf von Floridablanca, Gründer der ersten spanischen Bank (*Banco de San Carlos*); auf den Verwaltungsjuristen José de Gálvez, den Sekretär für „Indien", d.h. für Amerika, und Generalinspekteur des Vizekönigreichs Neu-Spanien.

Die wichtigsten Ziele der Reformer waren die ökonomische und gesellschaftliche Modernisierung Spaniens, die Förderung der gewerblichen und der beginnenden industriellen Produktion, in Amerika die Intensivierung von Bergbau und Landwirtschaft. Die koloniale Wirtschaft sollte stärker in die metropolitane integriert werden, Spanien sollte seine frühere Bedeutung wiedererlangen. Die spanische Aufklärung verfolgte somit vor allem wirtschaftliche Ziele, sie war praktisch-utilitaristisch, betrieb eine Reformpolitik „von oben", brach auch nicht mit der Kirche, weshalb in der Literatur die Rede von einer „katholischen Aufklärung" ist. Exemplarisch läßt sich auf den Benediktiner Jerónimo Feijóo (1676–1764) verweisen, der zwar den Anschluß an das weiterentwickelte Europa anstrebte und vielerlei Reformen einforderte, in seinen Schriften aber zugleich bewußt national blieb und Religion von seiner Kritik aussparte.

Vor allem im Agrarbereich waren Reformen deshalb dringend erforderlich, weil im 18. Jahrhundert die spanische Bevölkerung von rund 8 auf über 14 Millionen Einwohner stieg; dieser Zuwachs hatte eine verstärkte Nachfrage nach Land und Agrarprodukten zur Folge. In den Regierungsjahren Karls III. entwickelten die Reformer Pläne zur Landverteilung, zur Privatisierung des Besitzes der Toten Hand (Kirche, Gemeindeländereien) – Bestrebungen, die damals allerdings noch nicht zu konkreten Reformmaßnahmen führten. Immerhin wurde die

Binnenkolonisation durch Ansiedlung deutscher und schweizerischer Bauernfamilien in Andalusien, in der Gegend der Sierra Morena, gefördert.

Von besonderer Bedeutung waren die Reformen im Wirtschafts- und Sozialbereich. Es ging um die Erzielung von Wirtschaftswachstum. Hierzu wurden zuerst Handelshemmnisse abgebaut und die Steuereinziehung durch Vereinheitlichung effektiver gestaltet. Handel und Gewerbe wurden durch verschiedene Maßnahmen gefördert. Die Einrichtung monopolistischer Gesellschaften zur Durchführung des Handels mit Hispanoamerika sollte den transatlantischen Handel ankurbeln. Gegen Ende des Jahrhunderts, in den Regierungsjahren Karls III., wurden – unter dem Einfluß der Aufklärung und physiokratischer Ideen – wirtschaftliche Liberalisierungsmaßnahmen durchgeführt und die Monopole wieder abgebaut.

Eine der zahlreichen Reformen auf kommunaler Ebene sollte zu einer (vorübergehenden) Erschütterung der absoluten Monarchie führen. Der italienische Minister Karls III., Leopoldo Marquis von Squilace (sp.: Esquilache), führte vielfältige Änderungen durch, die – neben einer Ausweitung der absoluten Staatsmacht – zu einer Rationalisierung und Modernisierung der Lebensgewohnheiten führen sollten. Zu diesen Reformen gehörte 1766 auch das Verbot von Hieb- und Stichwaffen, des Tragens der traditionellen *Capa* (eines mantelartigen Umhanges) und des breitkrempigen Schlapphutes – Maßnahmen, die der Erhöhung der Alltagssicherheit in den unter vielfältigen Formen der Kleinkriminalität leidenden Städten dienen sollten. Der Eingriff in diese altspanischen Gewohnheiten rief eine heftige Volksreaktion hervor, die zu Tumulten und Aufständen mit Verwundeten und Toten eskalierte; erst als Esquilache verbannt und die wichtigsten Forderungen der Aufständischen (Rücknahme der Verbote, Senkung der Preise für Grundnahrungsmittel) erfüllt waren, endete der *Motín de Esquilache*, der eine Reihe wichtiger Folgen hatte:

Zu den bedeutendsten gehörte zweifellos die Vertreibung der Jesuiten 1767 (aus Spanien und Hispanoamerika); ob das regierungsoffizielle Argument, die Jesuiten hätten hinter dem

Aufstand gestanden, stimmt, ist bis heute in der Forschung heftig umstritten. Andere, wichtige Gründe dürften die Regierung zur Vertreibung bewogen haben: So widersetzten sich die Jesuiten seit langem der regalistischen Politik der Krone, verkündeten die Lehre vom Widerstandsrecht gegen Tyrannen, hatten enormen Einfluß im Bildungsbereich – nicht weniger als 130 Kollegien waren in ihrer Hand – und umfangreiche Besitztümer (was ihnen Neid und Mißgunst einbrachte), hatten theologische Meinungsverschiedenheiten mit Bischöfen und anderen Orden, widersetzten sich in Amerika dem spanischen Grenzvertrag mit Portugal, da ihre Indianerreduktionen in Paraguay davon betroffen wurden. Ihre Macht und Selbständigkeit waren der absolutistischen Monarchie ein Dorn im Auge.

Eine weitere Folge der Erhebung war die Personaländerung an der Regierungsspitze: Die Leitung des Kastilienrates übernahm der Aragonese Pablo Graf von Aranda (1719–1798), der in der Folgezeit maßgeblich die Politik Karls III. bestimmte. Ihm gelang in den auf den Aufstand folgenden Jahren die vollständige Wiederherstellung der Staatsautorität und die weitere Durchsetzung des Absolutismus gegenüber Kirche, Adel und Zünften.

V. Die Krise des Ancien Régime (1788–1808)

Die letzten Jahrzehnte des 18. und die ersten des 19. Jahrhunderts werden in der spanischen Historiographie als „Krise des Ancien Régime" bezeichnet. Chronologisch versteht man darunter im wesentlichen die Regierungsjahre Karls IV. (1788–1808), strategisch die Orientierungslosigkeit während der Verstrickungen in die Französischen Revolutionskriege, finanziell die stets größer werdende öffentliche Verschuldung, dynastisch das (vorübergehende) Ende der Bourbonen und den Übergang der spanischen Krone an Joseph Bonaparte, politisch das Absinken in Bedeutungslosigkeit, kolonialhistorisch den Verlust des gewaltigen Überseereiches. In der zweiten Hälfte des

18. Jahrhunderts war – auch wegen der Überseerivalitäten – der Gegensatz zu England zu einer Konstanten der spanischen Politik geworden; diese Konstellation sollte sich erst mit der Französischen Revolution ändern. Als sich in Frankreich 1792 die radikalen Kräfte durchgesetzt hatten, wurde ein Krieg mit dem Nachbarland unausweichlich.

In Spanien war in der Zwischenzeit – nach Floridablanca und Aranda – der Liebhaber von Königin María Luisa, der Gardist Manuel Godoy, den Karl IV. mit den höchsten Adelsprädikaten ausgezeichnet hatte, zum Leiter der Politik geworden (1792). Godoy sollte sich vor allem der Rettung des Lebens der französischen Königsfamilie widmen; diese Politik scheiterte, Frankreich erklärte vielmehr Spanien den Krieg. Damit wurde Godoys Illusion einer möglichen Neutralität zerstört, Madrid in die Arme der Briten getrieben. Der Krieg verlief ungünstig für Spanien: Politische Probleme, wirtschaftliche Schwierigkeiten und französische Siege zwangen schließlich zur Aufnahme von Friedensverhandlungen. Im Frieden von Basel (1795) mußte Spanien den östlichen Teil der Insel La Española, seine Kolonie Santo Domingo, an Frankreich abtreten. Der Friede sollte aber von nur kurzer Dauer sein: Bereits ein Jahr später schloß Spanien mit Frankreich den Vertrag von San Ildefonso, durch den Madrid in einen erneuten verlustreichen Krieg – diesmal gegen England – hineingezogen wurde, der den Verkehr mit den Kolonien in Amerika und damit die spanische Wirtschaft erschütterte. Das spanische Schwanken zwischen Frankreich und England läßt das Dilemma eines schwachen Landes erkennen, das nicht mehr die Kraft zu eigenständiger Außenpolitik aufbrachte, vielmehr Objekt wechselnder Konstellationen im europäischen Machtkampf war.

Unter dem Druck wachsender Opposition entließ Karl IV. seinen Günstling Godoy 1798 aus dem Amt des Staatsministers, räumte ihm aber weiterhin informellen Einfluß auf die Politikgestaltung ein. Der spanische Handlungsspielraum war allerdings begrenzt: Seit Napoleon Erster Konsul in Frankreich geworden war, brachte er Spanien in Abhängigkeit von Paris und zwang Madrid in einen abermaligen Krieg gegen England.

In dieser Phase wurde Godoy noch einmal zum Gestalter der spanischen Geschicke, zum übermächtigen Generalissimus und zu einer Art „modernem Diktator". Eine Zeitlang konnte sich Spanien durch Subsidienzahlungen an Frankreich so etwas wie „Neutralität" erkaufen. Im Seekrieg gegen England erlitt die spanisch-französische Flotte sodann bei Trafalgar eine verheerende Niederlage (1805) gegen die Briten, die unter dem Oberbefehl von Lord Horatio Nelson (1758–1805) kämpften, mit enormen Verlusten an Menschen und Schiffen; Spanien schied endgültig als Seemacht aus.

Lange Zeit ging man in der Geschichtsschreibung davon aus, daß die Auswirkungen der Französischen Revolution auf Spanien eher unbedeutend waren; die Pyrenäen – so wurde behauptet – dienten als nahezu hermetische Grenze, um ein Übergreifen der revolutionären Ideen zu verhindern. Es war zwar bekannt, daß eine Anzahl aufgeklärter Geister mit den aus Frankreich kommenden Ideen sympathisierte; diese *afrancesados* wurden aber für eine äußerst schmale Schicht von Intellektuellen gehalten, die zu den privilegierten Vertretern des Systems gehörten und mit den Problemen der großen Masse der Bevölkerung nichts zu tun hatten. Die Forschung der letzten Jahre hat jedoch deutlich werden lassen, daß bei mindestens vier wichtigen Aspekten enge Beziehungen zwischen der Französischen Revolution und der Entwicklung in Spanien bestanden:

Zum ersten muß erwähnt werden, daß die Französische Revolution für die Reformbestrebungen der spanischen Bourbonen eine Zäsur darstellte. Die Reformtätigkeit des Aufgeklärten Absolutismus fand mit dem Regierungsantritt Karls IV. ein jähes Ende; der neue König entsagte völlig dem aufklärerischen Geist seines Vaters.

Zum zweiten ist darauf hinzuweisen, daß bei den spanischen Abgrenzungsversuchen gegenüber dem revolutionären Frankreich die Inquisition erneute Bedeutung erlangte. Spanien errichtete einen regelrechten *cordon sanitaire* gegen das aus Frankreich einströmende Gedankengut, es führte Zensurmaßnahmen ein, alle nicht-offiziellen Zeitungen wurden geschlossen.

Zum dritten machten sich in Spanien die Folgen einer großen Wirtschaftskrise bemerkbar, die auf die schlechten Ernten
von 1788 und 1789 zurückzuführen waren. Die Versorgung der
Städte mit Getreide konnte nicht mehr sichergestellt werden.
Die soziale Situation war derart angespannt, daß die Regierung
beschloß, Defensivmaßnahmen zu ergreifen, um Spanien vor
jeglicher revolutionären Ansteckungsgefahr zu bewahren.

Zum vierten schließlich hatte die Französische Revolution
eine geistesgeschichtliche Wirkung, die in ihrer Bedeutung für
die weitere Geschichte Spaniens kaum überschätzt werden
kann. Die Stellung zur Revolution spaltete die intellektuellen
Spanier in jene zwei Gruppierungen, die sich während des 19.
und 20. Jahrhunderts unter wechselnden Bezeichnungen er-
barmungslos bekämpfen sollten. Im Kampf um das Gedankengut der Französischen Revolution erfolgte die tiefe Spaltung
zwischen den „zwei Spanien".

Das Ideal des Aufgeklärten Absolutismus wurde somit im
ersten Jahrzehnt der Regierung Karls IV. durch die Wirkung
der Revolution in Frankreich und deren Bekämpfung weitgehend zerstört. Religiöser und politischer Absolutismus sowie
Intoleranz waren die Prinzipien, die sich nach 1789 in der
spanischen Politik und Kultur durchsetzen sollten; der Höhepunkt dieses Prozesses wurde nach 1814 unter Ferdinand VII.
erreicht.

Die andauernden Kriege seit dem Regierungsantritt Karls IV.
führten zu einer vollständigen Zerrüttung der Staatsfinanzen.
Die Regierung sah sich gezwungen, staatliche Schuldverschreibungen (*vales reales*) mit einem konkreten Tilgungs- und
Zinsplan auszugeben, konnte aber schon bald die Staatsschuld
nicht mehr bedienen; ihre Kreditwürdigkeit verfiel rapide. In
dieser extremen Situation griff die Krone zum Mittel der Desamortisation, das heißt der Säkularisierung des Kirchenbesit-
zes, um an Ressourcen zur Tilgung der Schulden zu gelangen.
1798 begann der Verkauf von Liegenschaftsbesitz religiöser
Bruderschaften, kirchlicher Hospitäler und frommer Stiftun-
gen; ab 1804 wurde sogar unmittelbares Kirchenland (auch in
Amerika) verkauft. Der Ertrag kam der Staatskasse zugute;

zwischen 1798 und 1808 sollen es rund 1,5 Milliarden *reales* gewesen sein.

Über die wirtschaftlichen und sozialen Auswirkungen dieser ersten Desamortisation lassen sich bisher nur begrenzte Aussagen treffen; offensichtlich wurde aber die Loyalität des Klerus und anderer Schichten (etwa des niederen Adels) zur Krone erschüttert. Der Unmut gegen die königliche Familie und ihren Günstling Godoy nahm zu – auch als Folge der kriegerischen Niederlagen; die Hoffnungen konzentrierten sich nun auf den Kronprinzen Ferdinand, dessen Abneigung gegenüber Godoy bekannt war und der eine Art „Oppositionspartei" um sich gesammelt hatte. Am Hofe intrigierte jeder gegen jeden; zugleich waren die einzelnen Parteien bemüht, die Unterstützung Napoleons für ihre jeweiligen Interessen zu erhalten.

Die zahlreichen Hofintrigen und Verhandlungen führten schließlich (1807) zu einem neuen Abkommen mit Napoleon: dem Vertrag von Fontainebleau, der eine Teilung Portugals zur Durchsetzung der Kontinentalsperre gegen England vorsah und dem französischen Heer den Durchmarsch durch Spanien erlaubte. Danach überstürzten sich die Ereignisse: General Junot marschierte mit französischen Truppen durch Spanien und eroberte Portugal, es folgte General Murat mit weiteren Truppen. Am Hof in Madrid konspirierte Ferdinand inzwischen gegen seinen Vater und Godoy, die Situation wurde immer verworrener. Im März 1808 kam es sodann in Aranjuez zu einem „Volksaufstand" gegen die Regierung; dieser *Motín de Aranjuez* war im Grunde genommen nichts anderes als ein von Ferdinand inszenierter Putsch. Godoy wurde gefangengesetzt, Karl IV. dankte zugunsten seines Sohnes ab. Dieser sollte den Thron aber nur wenige Wochen innehaben: Napoleon setzte ein Treffen zwischen ihm und den beiden Bourbonen (Vater und Sohn) in dem südfranzösischen Ort Bayonne durch. Dort verzichteten auf französischen Druck hin sowohl Ferdinand als auch Karl auf den spanischen Thron; Napoleon übertrug diesen seinem Bruder Joseph Bonaparte.

Damit fand die bourbonische Herrschaft in Spanien (vorübergehend) ihr ruhmloses Ende. Die spanische Bevölkerung fand sich aber mit der neuen Situation nicht ab: Am 2. Mai 1808 kam es in Madrid zum Volksaufstand gegen die französischen Besatzer und den neuen König. Deutlicher hätte die Kluft nicht zum Ausdruck gebracht werden können, die zwischen dem Hof und der Regierung auf der einen und der Gesellschaft auf der anderen Seite herrschte. Radikalen Veränderungen waren damals nicht nur die Spanier, sondern nahezu alle europäischen Gesellschaften ausgesetzt; im spanischen Fall war allerdings die schwächliche Staatsführung in eklatanter Weise unfähig, die Geschicke des Landes selbst zu bestimmen; der Umbruch vom Ancien Régime zur relativen „Moderne" des 19. Jahrhunderts wurde wesentlich von außen angestoßen.

VI. Die Ära der Militärputsche (1808–1875)

Die spanische Historiographie läßt die neueste Geschichte des Landes mit dem Jahr 1808 beginnen. Die französische Besetzung und der Beginn des „Unabhängigkeitskrieges" (1808–1814) erhalten somit als säkularer Einschnitt eine ähnliche Bedeutung wie im Nachbarland Frankreich das Revolutionsjahr 1789. Mehr als für West- und Zentraleuropa begann für Spanien damals eine Phase politischer Instabilität. Bei eindeutigem Vorherrschen innenpolitischer Probleme lassen sich zwischen dem „Unabhängigkeitskrieg" und dem Bürgerkrieg von 1936 weit über hundert Regierungen zählen, eine ganze Reihe von Verfassungen und verschiedenen Regimen, mehrere Attentate auf und Ermordungen von Regierungschefs, Verbannungen und Entthronungen.

Zu Beginn des 19. Jahrhunderts war Spanien eine von feudalen Strukturen geprägte absolute Monarchie. Die sozioökonomischen Verhältnisse entsprachen weitgehend dem Interesse einer grundherrlichen Schicht. Wie andere Länder Europas, so war auch Spanien damals überwiegend landwirtschaftlich geprägt, die Agrarproduktion war viermal so groß wie die städtische Manufakturproduktion; von den ca. 10,8 Millionen Einwohnern waren 8,6 Millionen von der Landwirtschaft und nur 2,2 Millionen von städtischen Tätigkeiten abhängig. Ungefähr zwei Drittel des bebaubaren Landes waren in Händen des grundbesitzenden Adels und des Klerus, zu denen sich noch die Militärorden (Calatrava, Santiago, Alcántara) als Bodeneigentümer gesellten. Daß die scheinbar stabile ständestaatliche Gesellschaftsstruktur bereits zahlreiche Risse aufwies, sollte spätestens mit dem napoleonischen Einfall in Spanien und dem „Befreiungskrieg" deutlich werden.

Unzufriedenheit und Krisensymptome waren zu Beginn des 19. Jahrhunderts keineswegs auf die bäuerliche Bevölkerung beschränkt, vielmehr weit verbreitet. Zu den Agrarkrisen kamen Epidemien (Gelbfieber, Cholera), zunehmende Inflation und vor allem die katastrophale Situation der Staatsfinanzen. Wie fragil Staat und Gesellschaftsstruktur des Ancien Régime waren, legte sodann die französische Invasion von 1808 offen. Die napoleonische Besetzung Spaniens stellt zweifellos einen Wendepunkt in der Geschichte des Landes dar. Dieses zum nationalen Trauma gewordene Ereignis erschütterte sämtliche Bereiche des staatlichen Lebens. Scheinbar erfolgte damit in Spanien die Ablösung des bourbonischen durch den napoleonischen Staat; faktisch jedoch regte sich sofortiger Widerstand gegen den „Eindringling" und die revolutionären Ideen aus Frankreich. Da der Staatsapparat zusammengebrochen war und eine zentrale Staatsgewalt fehlte, außerdem viele noch von Godoy eingesetzte Behörden sich den Franzosen nicht entgegenstellten, entwickelte sich der am 2. Mai 1808 in Madrid begonnene Volksaufstand sehr schnell zu einem Unabhängigkeitskrieg, der als Guerrillakrieg geführt wurde. Joseph Bonaparte beherrschte im Grunde genommen nur die unmittelbar von französischen Truppen kontrollierten Gebiete; sein Bruder Napoleon mußte daher an der Spitze eines 200 000 Mann starken Heeres auf der Iberischen Halbinsel intervenieren. Bis zum Rußlandfeldzug (1812) behielten die Franzosen in Spanien die Initiative; danach befanden sie sich in der Defensive.

Joseph Bonaparte machte die den Spaniern von seinem Bruder Napoleon oktroyierte „Verfassung von Bayonne" (1808) zur Grundlage seiner Herrschaft; sie sah ein zentralistisches politisches System vor, in dem die *Cortes* als einflußlose ständische Vertretung fungierten; Spanien wurde zur erblichen Monarchie, der Katholizismus zur Staatsreligion. Die historische Bedeutung dieser Verfassung liegt darin, daß sie den ersten Versuch des Übergangs vom Absolutismus zum (Schein-)Konstitutionalismus darstellte. Bonapartes Herrschaft führte darüber hinaus eine ganze Reihe von Reformen durch: Im Bildungssektor wurden eine zentrale Planungsinstitution geschaffen und Gymnasien gegründet; im religiösen Bereich wurden die Inquisition und einige Orden abgeschafft, außerdem die entschädigungslose Verstaatlichung der Güter von Mönchs- und Militärorden verfügt; auf landwirtschaftlichem Gebiet wurden Majorate beseitigt. Diese „modernen" Elemente der französischen Herrschaft dürften es auch gewesen sein, die einige Tausend Spanier zur Zusammenarbeit mit Bonaparte bewogen. Das Ziel dieser Kollaborateure („Französlinge", *afrancesados*) bestand in der Erneuerung der spanischen Monarchie und in inneren Reformen; sie fühlten sich stärker dem Staatsganzen als einer Herrscherperson verpflichtet. Außerdem befürchteten sie, die vielfältigen lokalen und regionalen *Juntas*, die nach 1808 gegründet worden waren, könnten sich weiter radikalisieren und schließlich die Republik ausrufen.

Während der Kampf der Spanier mit Unterstützung durch ein englisches Heer unter dem Herzog von Wellington gegen die Franzosen fortging, berief die Zentraljunta in den unbesetzten spanischen und den noch loyalen hispano-amerikanischen Provinzen verfassunggebende *Cortes* nach Cádiz ein, wo die Versammlung unter dem Schutz der britischen Flotte zusammentrat. Die wichtigste Leistung der liberalen *Cortes* von Cádiz war zweifellos die Verfassung von 1812, die zur Magna Charta des spanischen Liberalismus wurde. Mit dieser Verfassung (und den weiteren Reformen der *Cortes* von Cádiz) suchten die liberalen Kräfte den institutionellen Rahmen für eine bürgerliche Gesellschaft zu verwirklichen. Allerdings war die Verfassung das Werk einer fortschrittlichen Minderheit im Land, die keineswegs repräsentativ für die Sozialstruktur

Spaniens zu Beginn des 19. Jahrhunderts und die politischen Grundüberzeugungen der Bevölkerungsmehrheit war.

Neben der Verfassung erließen die *Cortes* zahlreiche weitere Reformbestimmungen, die am sozioökonomischen Fundament des Ancien Régime rüttelten. Die neue liberale Wirtschaftsordnung etwa äußerte sich in der Abschaffung der feudalistischen Patrimonialgerichtsbarkeit und grundherrschaftlicher Rechte. Insgesamt schufen die *Cortes* von Cádiz ein Reformprogramm, das den Übergang vom Ständestaat des Ancien Régime zur liberalen Gesellschaftsordnung des 19. Jahrhunderts ermöglichte und einleitete.

Nachdem Ferdinand VII. aus französischer Gefangenschaft nach Spanien zurückgekehrt war (1814), erklärte er staatsstreichartig die Verfassung und die gesamte Gesetzgebung von Cádiz für ungültig. Der Graben zwischen den Konservativen und den Liberalen wurde zusehends tiefer. Fortan sollten die Prinzipien „Tradition" und „liberale Erneuerung" das Wechselspiel der spanischen Verfassungsgeschichte bestimmen.

Bis 1820 regierte Ferdinand als absoluter Herrscher; seine restaurativen Maßnahmen hoben fast alle Reformen auf: Die Behördenorganisation alten Stils wurde wieder eingeführt, die Kirche erhielt ihre Prärogativen zurück, religiöse Orden wurden wieder zugelassen, die Jesuiten ins Land zurückgerufen, die Inquisition erneut in ihre alten Rechte eingesetzt, die Gewerbefreiheit abgeschafft und die Zunftordnungen wieder eingeführt. Liberale und *afrancesados* wurden inhaftiert oder mußten ins Exil.

Zwischen 1814 und 1820 wechselten zahlreiche Regierungen im Amt ab; ihre Lebensdauer betrug zumeist nur wenige Monate. Der Hauptgrund für die zunehmenden Schwierigkeiten der Regierungen war das Finanzproblem des Staates, das kein amtierender Minister lösen konnte. Vor dem Unabhängigkeitskrieg hatten die aus den Kolonien bezogenen Einkünfte 11–15 Prozent der Staatseinnahmen betragen; dieser Prozentsatz fiel 1814–1819 auf 4,5 Prozent, danach verschwindet er ganz aus den Statistiken. Der Abfall der amerikanischen Kolonien trug somit zum schnellen Rückgang der Staatseinkünfte bei, die Einnahmen aus Hafenzöllen und die Edelmetalleinfuhr entfielen. Die Finanzkrise des Staates führte zu gravierenden Mängeln in der Ausrüstung der Streitkräfte, die immer weniger in der Lage waren, nach außen Spaniens Großmachtanspruch durchzusetzen und die Abfallbewegung in den amerikanischen Kolonien zu verhindern. Nach innen jedoch übernahm die Armee fortan eine besondere Funktion:

Der Unabhängigkeitskrieg war zum auslösenden Faktor einer Entwicklung geworden, durch die sich das Militär in die Politik einmischen und sogar zu einem beherrschenden Faktor des staatlichen Lebens werden konnte. Versuche des restaurierten bourbonischen Königtums, das Offizierskorps in die Stellung eines widerspruchslos dienenden Instruments zurückzuführen, scheiterten. Vielmehr setzten seit 1814 *pronunciamientos* [Militärrevolten] ein, die fortan die Ablösung von Regierungen vornahmen. Zumeist liefen sie nach bestimmten „Regeln" ab, denen zufolge ein Militärführer sich gegen die herrschenden Mißstände „aussprach" und ein Programm als Manifest an die Truppe verkündete. Der Aufstand hatte zuerst lokalen Charakter, sprang dann auf die Provinz und von dort auf die Hauptstadt über. Nach einiger Zeit gab die Regierung ihren inzwischen sinnlos gewordenen Widerstand auf, die neuen Machthaber zogen in Madrid ein. Die meisten dieser *pronunciamientos* wurden im 19. Jahrhundert als liberal angesehen.

Einer dieser *pronunciamientos* hatte 1820 Erfolg: Die Militärrevolte von Oberst Rafael del Riego, die im liberalen Cádiz ihren Ausgang nahm, wo die spanischen Truppen unwillig auf ihre Verschiffung nach Amerika warteten, um dort die Unabhängigkeitsbewegung niederzukämpfen. Ferdinand VII. sah sich gezwungen, den Eid auf die Verfassung von 1812 zu leisten und die *Cortes* wieder einzuberufen. Die Liberalen hatten sich inzwischen in die eher gemäßigte Richtung der *Moderados* und die Radikalen der *Exaltados* gespalten; es handelte sich um Anfänge politischer Parteien. Die beiden Fraktionen bekämpften sich im Parlament derart vehement, daß die *Cortes* bis zur Beschlußunfähigkeit gelähmt wurden. Die *Moderados* waren ehemals Inhaftierte und Exilierte, die inzwischen für eine „ausgewogene" Verfassung eintraten, während die *Exaltados* demgegenüber für die unveränderte Beibehaltung der Verfassung von 1812 plädierten.

In den Jahren 1820–1823 bot sich zum ersten Mal die Gelegenheit, die Reformen von Cádiz in die Praxis umzusetzen. Das System sollte von oben verändert werden, die führenden Schichten wollte man von den Vorzügen des konstitutionellen Regimes überzeugen, das Volk aber weiterhin von der Politik fernhalten. Die Probleme ließen nicht auf sich warten: Die Kleinbauern z. B. konnten im Konstitutionalismus jener Jahre keine Vorzüge erblicken, da er sich für sie im wesentlichen in der Erhöhung ihrer direkten Besteuerung erschöpfte; der „revolutionäre" Prozeß ging zu keinem Zeitpunkt über die Grenzen eines bürgerlichen Reformismus hinaus.

In der Zwischenzeit bereitete Ferdinand VII. die absolutistische Restauration vor. Auf seine Bitte hin beschloß die Heilige Allianz auf dem Kongreß von Verona 1822, für die Wiederherstellung des Absolutismus militärisch in Spanien zu intervenieren. Im Frühjahr 1823 marschierte ein französisches Heer in Spanien ein („Die 100 000 Söhne von Ludwig dem Heiligen"); nach der Niederringung nur geringen Widerstandes stellte Ferdinand VII. die absolute Monarchie wieder her. Die „drei Verfassungsjahre" waren sowohl an inneren Widersprüchen, vor allem an der Agrar- und Steuerpolitik der Liberalen, als auch an der Intervention von außen gescheitert.

Mit der erneuten Aufhebung der Verfassung begann das absolutistisch-unheilvolle Jahrzehnt 1823–1833 (*la década ominosa*), in dem die königliche Diktatur abermals mit repressiven Mitteln durchgesetzt wurde. Ferdinand veranstaltete eine Hexenjagd auf Liberale, säuberte die Verwaltung, schloß die Universitäten, zwang führende Politiker ins Exil, machte die meisten Beschlüsse der „drei konstitutionellen Jahre" rückgängig und beendete damit jegliche politische Modernisierung und gesellschaftliche Veränderung. Die Inquisition wurde allerdings nicht wieder eingeführt.

Bei Ferdinands Tod (1833) war die Nachfolgefrage nicht eindeutig geklärt. Es begann ein Bürgerkrieg zwischen den Anhängern von Ferdinands Bruder Karl (*Karlisten*) und denen von Ferdinands dreijähriger Tochter Isabella, deren Interessen während ihrer Minderjährigkeit von der Königinwitwe und Regentin María Cristina (*Cristinos*) wahrgenommen wurden. Der dynastische Erbstreit war aber nur äußerer Anlaß und Fassade dieses ersten Karlistenkrieges (1833–1839), in dem es eigentlich um die Beibehaltung eines extrem reaktionären Absolutismus oder die Einführung einer konstitutionellen Monarchie auf liberaler Grundlage ging. Eigentlich war María Cristina keineswegs „liberal"; da aber der von der extremen Rechten unterstützte Klerikalabsolutist Karl von der Thronfolge ausgeschlossen werden sollte, verbündete sich die Regentin mit den gemäßigt-liberalen Kräften; der Krieg ging damit schließlich um die Entscheidung zwischen Liberalismus und Absolutismus, wobei letzterer sich geschickt für die Interessen der Kirche und der regionalen Sonderrechte (der *fueros*, besonders des Baskenlandes) einsetzte; der Schwerpunkt der karlistischen Bewegung, die unter der Devise „Gott, Vaterland, König, Fueros" antrat, lag denn auch in Regionen, die gegen die kastilische Zentralregierung eingestellt waren. 1839 endete der Krieg in der sogenannten „Umarmung von Vergara" mit einem Kompromiß, demzufolge die karlistischen Offiziere bei Beibehaltung ihres Dienstgrades ins reguläre Heer übertreten durften, während die Regierung sich für die Beibehaltung der *Fueros* einzusetzen versprach. Der Konflikt war damit nicht gelöst, sondern in der Schwebe gelassen.

Während auf den Schlachtfeldern die Entscheidung zwischen Liberalismus und Absolutismus fiel, übernahmen im politischen Zentrum Madrid die „Oligarchen des Liberalismus", die *Moderados*, die Macht, die eine Beschränkung der monarchischen Rechte durch eine Volksvertretung durchsetzten. Mit dem von der Regentin oktroyierten *Estatuto Real* von 1834 institutionalisierten sie die konstitutionelle Monarchie in Spanien (bis 1931). Den entscheidenden Einfluß auf die Regierungsbildung übte die Krone aus, die eine neue Regierung in aller Regel nicht nach, sondern entgegen dem Mehrheitswillen des Parlaments ernannte. Die von der Krone gestützte Regierung erlangte dann die erforderlichen Mehrheiten in Neuwahlen, an denen wegen des hohen Zensuswahlrechts vorerst nur ca. 18 000 Spanier (= 0,15 Prozent der Bevölkerung) teilnehmen konnten. Die verschiedenen Fraktionen des Liberalismus entwickelten sich jetzt zu deutlich unterschiedlichen Parteien: Auf der Rechten (und nahezu permanent an der Regierung) die „doktrinären" oder konservativen Liberalen (*Moderados*), die von der „doppelten Souveränität" des Monarchen und der *Cortes* ausgingen, auf der Linken die Progressisten, die sich auf die Verfassung von 1812 und auf das Prinzip der Volkssouveränität beriefen und für radikalere Reformen (etwa hinsichtlich des Kommunalwahlrechts und der demokratischen Organisation der Bürgermiliz) eintraten.

Zu den wichtigsten sozioökonomischen und politischen Maßnahmen der liberalen Regierungen der folgenden Jahre gehörte die Desamortisation, das heißt die Aufhebung kirchlicher und adeliger Grundherrschaft sowie die Enteignung und der anschließende Verkauf kirchlicher und kommunaler Ländereien der „Toten Hand". Den entscheidenden Impuls erfuhr die Desamortisation in den 1830er Jahren unter Ministerpräsident Juan Alvarez Mendizábal (1835–1837), dessen Politik von bestimmten Grundideen geleitet wurde: Die Regierung bedurfte dringend finanzieller Einnahmen, um durch Verringerung der staatlichen Schuld den schon lange drohenden Staatsbankrott abwenden, den Krieg gegen die Karlisten siegreich beenden und dadurch den Thronanspruch Isabellas sichern zu können; der Staat und die Bourgeoisie mußten gegen die Macht der Kirche gestärkt, die konstitutionelle Monarchie sollte befestigt werden.

Durch die Desamortisation Mendizábals wurden die Ländereien der Klöster und die Güter der Kommunen zum Eigentum der „Nation" erklärt und (letztere allerdings vorerst wenig konsequent) an den Meistbietenden versteigert. Von der Transaktion profitierten vor allem die Inhaber von Schuldverschreibungen, mit denen die Ländereien bezahlt werden konnten. Zu den bisherigen adeligen Grundbesitzern gesellte sich somit jetzt eine neue Schicht von Latifundisten aus bürgerlichen Kreisen. Der große Verlierer der Vermögensumschichtungen war die Kirche, besonders der Ordensklerus. Von der Desamortisation unter Pascual Madoz (1855) waren später vor allem die Brach- und Allmendflächen der Gemeinden und die Güter des weltlichen Klerus betroffen. Bis 1844 waren knapp 200 000 Kirchengüter für 3,4 Milliarden *reales* versteigert. In dieser Phase wurden 80 Prozent der Güter des Ordens- und 40 Prozent der Immobilien des Weltklerus verkauft. Zwischen 1836 und 1900 wurden insgesamt über 10 Millionen Hektar Kirchen- und Gemeindebesitz, das heißt rund 20 Prozent der spanischen Gesamtfläche, „desamortisiert".

In der politischen Praxis der fünfziger bis sechziger Jahre des 19. Jahrhunderts schloß die Krone mit den *Moderados* ein Herrschaftsbündnis; die Regierungen stießen bei dem Bestreben, sich aus ihrer Machtposition heraus die erforderlichen parlamentarischen Mehrheiten zu beschaffen, um konstitutionell regieren zu können, auf keine größeren Schwierigkeiten. Die Progressisten mußten demgegenüber den Rahmen dieses politischen Systems sprengen und die Macht über *pronunciamientos* oder urbane Aufstände erringen. Verbündeter dieser urbanen Aufstände der Progressisten war stets ein Teil des Heeres, der mit den linksliberalen Vorstellungen konform ging. Diese „revolutionäre Allianz" unternahm 1836, 1837, 1840, 1854 und 1868 erfolgreiche Revolten, aufgrund derer die Progressisten an die Macht gelangten.

Die oktroyierte Verfassung von 1834 hatte Wählervereinigungen vorgesehen, aus denen sich bald Parteicliquen unter autoritärer Führung entwickelten. Dabei spielte das Militär eine entscheidende Rolle; an der Spitze der großen politischen Gruppen stand zumeist ein (geadelter) General; an der Spitze der *Moderados* etwa Ramón María Narváez (1800–1868), an der der Progressisten Baldomero Espartero (1793–1879) und später Juan Prim (1815–1870), an der der Liberalen Union Leopoldo O'Donnell (1809–1867). Die Aufgliederung der Parteien in Gruppen, die jeweils einen rhetorisch besonders hervorstechenden Politiker und Militär als Chef anerkannten, blieb lange Zeit ein traditionelles Element der spanischen Politik.

1840 kam es erneut zu städtischen Aufständen und in deren Gefolge zur Konstituierung vieler *Juntas*. María Cristina dankte als Regentin ab; der linksliberale Held des Karlistenkrieges, Baldomero Espartero, ließ sich zum Regenten des Reiches wählen (1840–1843). Während Esparteros Regentschaft waren die Progressisten an der Macht; liberale Reformen wurden verstärkt fortgeführt: Annullierung des konservativen Kommunalgesetzes, Ausbau der Nationalmiliz, Verkauf von Kirchenländereien. Infolge politischer und wirtschaftlicher Unzufriedenheit führten 1843 zahlreiche Aufstände und schließlich ein *pronunciamiento* unter Anführung von General Narváez zum Sturz Esparteros, der sich zuletzt nur noch auf einen Teil der Progressisten stützen konnte. Im nun folgenden Vierteljahrhundert (1843–1868), der „Isabellinischen Ära", waren die gemäßigten Liberalen (besonders die *Moderados*, nach 1854 auch die *Liberale Union*) die dominierende politische Kraft in Spanien. Vorerst war Narváez der starke Mann, auf den sich Isabella II. (Regierungszeit 1844–1868) stützte. Die nunmehr konservativ-liberale Regierung löste die Nationalmiliz auf und gründete statt dessen „zum Schutz der Ordnung, der öffentlichen Sicherheit und des Eigentums" 1844 die Zivilgarde (*Guardia Civil*).

Charakteristika jener langen Phase, in der das politische Spanien der Monarchie Isabellas II. eine „konstitutionelle Oligarchie" darstellte, waren die Zentralisierung und Bürokratisierung des Staatsapparates – die Aufgliederung des Staatsgebietes in 49 Provinzen überstand bis heute alle folgenden Regimewechsel –, die Aussöhnung des liberalen Regimes mit dem Vatikan (Konkordat von 1851), die Kurzlebigkeit der Regierungen, Palastintrigen und Verwaltungskorruption. Einer dieser Korruptionsskandale in Zusammenhang mit den hochspekulativen Eisenbahnkonzessionen führte schließlich 1854 zum Sturz der autoritären *Moderado*-Regierung. General Espartero kehrte aus seinem englischen Exil zurück und übernahm während der „zwei progressistischen Jahre" 1854–1856 die Regierungsgeschäfte; er konnte sich dabei auf die Koalitionspartei „Liberale Union" von General O'Donnell stützen, die gemäßigte Progressisten und fortschrittliche *Moderados* zusammenfaßte. 1856 gelangten bereits wieder die *Moderados* mit Narváez an die Regierung, die „zwei progressistischen Jahre" blieben nur ein kurzes Reform-Zwischenspiel, auf das sehr schnell eine Restauration der Oligarchenherrschaft folgte.

In dieser letzten Phase der Isabellinischen Epoche bestand für die Progressisten und die links von ihnen stehenden Demokraten und Republikaner keine Chance, legal die Regierung zu übernehmen. Seit Mitte der sechziger Jahre zogen sich die Progressisten aus der politischen Arena zurück und nahmen nicht mehr an Wahlen teil. 1866 schließlich kamen Demokraten, Progressisten und linke Unionisten im belgischen Ostende überein, die Diktatur von Narváez gewaltsam zu stürzen; an die Spitze der revolutionären Bewegung setzte sich der äußerst populäre General Juan Prim. Die „Septemberrevolution" von 1868 lief nach dem klassischen Muster in zwei Phasen ab: Zuerst fand das militärische *pronunciamiento* statt, das als Auslöser für die Aufstände der städtischen Mittelschicht diente, dann folgte die Bildung urbaner *Juntas*, die auf lokaler Ebene die Initiative an sich rissen. Isabella II. ging ins französische Exil, die lange Ära des gemäßigten Liberalismus war zu Ende.

Vergleicht man die wirtschaftliche, soziale und politische Situation Spaniens im Jahr 1808 mit der von 1868, dann wird ein dramatischer Unterschied deutlich. Der Absolutismus hatte endgültig dem Konstitutionalismus weichen müssen, Parteien waren entstanden, das zuvor großteils an die „Tote Hand" gebundene Land war zur Ware und Quelle großer Kapitalakkumulation geworden. Wo zuvor vielfältige Binnenzölle und ein schwerfälliges Transportsystem die Herausbildung eines gemeinsamen Marktes erschwert hatten, gab es nun einen einheitlichen Markt mit einem vereinheitlichten Geldsystem, einheitlicher Rechtsprechung und Gesetzgebung. In politischer Hinsicht, im Hinblick auf die Art der sozialen Konflikte, der wichtigsten ökonomischen Realisierungen und der mentalen

Disposition war die spanische Gesellschaft zum Zeitpunkt der „glorreichen Septemberrevolution", die zum Sturz der Bourbonendynastie führte, „bürgerlich".

Die nach dem Sturz Isabellas sofort eingesetzte Provisorische Regierung unter General Francisco Serrano (1813–1882) ließ im Januar 1869 Wahlen durchführen, die nach dem allgemeinen, gleichen und direkten Männerwahlrecht erfolgten. Erwartungsgemäß siegte die monarchisch-demokratische Richtung; die Republikaner erhielten rund 25 Prozent der Stimmen. Die vom Parlament ausgearbeitete Verfassung von 1869 – der fortschrittlichste Verfassungstext Spaniens im 19. Jahrhundert – ging vom Prinzip der Volkssouveränität aus, betonte das Recht auf freie Religionsausübung sowie das allgemeine Wahlrecht für die erwachsene männliche Bevölkerung. Als Staatsform sah sie eine konstitutionelle Monarchie mit demokratischen Prinzipien vor.

Im wesentlichen waren es vier Problemkomplexe, mit denen die Regierung zu kämpfen hatte: a) Der Umsturz in Spanien erfolgte zur gleichen Zeit, als in Kuba die Unabhängigkeitsbewegung verstärkt zu agieren begann. Erst 1878, nach einem zehnjährigen Krieg, konnte eine Waffenruhe erzielt werden. b) Die Republikaner präsentierten sich immer deutlicher als Alternative zum bestehenden System. In der Anfangsphase der Arbeiterbewegung wurden auch Republikanismus und Lösung sozialer Probleme, vor allem auf dem Land, weitgehend gleichgesetzt. c) Eine grundlegende Änderung der Verhältnisse erstrebten die Karlisten, die vorerst gewaltlos Widerstand leisteten, ab 1872 jedoch im Norden und Nordosten einen bewaffneten Aufstand und damit einen weiteren Karlistenkrieg begannen. d) Das vierte Hauptproblem bestand darin, für die „Monarchie ohne Monarchen" einen geeigneten König zu finden. Die Suche erwies sich als außerordentlich schwierig. Als Leopold von Hohenzollern-Sigmaringen (1835–1905) die Krone beinahe schon sicher hatte, legte Napoleon III. von Frankreich sein Veto ein und provozierte damit den deutsch-französischen Krieg von 1870/71. Schließlich wurde Amadeus von Savoyen, Herzog von Aosta (1845–1890), Sohn des italienischen Königs Victor Emanuel II., gewählt. Amadeus regierte von Dezember 1870 bis Februar 1873. Adel, Kirche und Liberale lehnten ihn ab, Republikaner intrigierten gegen ihn, die Karlisten begannen den überaus hart geführten Krieg um den Thron. Während seiner Regierungszeit fanden drei Parlamentswahlen statt, sechs Regierungen lösten sich im Amt ab. Resigniert dankte Amadeus ab, nachdem es ihm weder innen- noch außenpolitisch gelungen war, das Land zu befrieden.

In die Jahre seiner Herrschaft fällt auch der Beginn der eigentlichen spanischen Arbeiterbewegung. Im November 1868 hatte die Provisorische Regierung das Vereinigungsrecht anerkannt; zum gleichen Zeitpunkt entsandte der anarchistische Flügel der Internationalen Arbeiterassoziation (Michael Bakunin) einen Delegierten nach Spanien, der in Madrid und Barcelona sofort Arbeitersektionen gründete. Vorerst blieb die spanische Arbeiterbewegung anarchistisch orientiert.

Nach Amadeus' Rücktritt stimmte das Parlament, mangels anderer Alternativen, für die Einführung der Republik. Die Republikanische Partei war zu diesem Zeitpunkt allerdings bereits gespalten. In den zehn Monaten ihres Bestehens hatte die Republik vier Präsidenten. Im Januar 1874 besetzte General Manuel Pavía (1827–1895) das Parlament und löste es auf, womit die Erste Republik ihr unrühmliches Ende fand. Per Dekret wurde die Diktatur institutionalisiert. Inzwischen hatte der konservative Antonio Cánovas del Castillo (1828–1897), mit Vollmachten der exilierten Königin Isabella versehen, unermüdlich die Rückkehr der Bourbonen betrieben. Ende Dezember 1874 proklamierte General Arsenio Martínez Campos (1831–1900) in Sagunto Isabellas Sohn Alfons XII. zum König (1874–1885). Die bourbonische Restauration stieß auf keinen größeren Widerstand.

Die Jahre 1868–1874 gehören zweifellos zu den bewegtesten in der neueren Geschichte Spaniens. Die allgemeine Erweiterung der politischen Freiheit, die eine verstärkte Agitation von links mit sich brachte, blieb allerdings eine kurze Episode. Der Verlauf der „Revolution" legte in den Jahren nach 1868 die

Zieldiskrepanz der teilnehmenden Kräfte offen und mündete schließlich in die Restauration sowohl der Monarchie als auch der vorrevolutionären gesellschaftlichen Verhältnisse. Die Erste Republik scheiterte in einem Mehrfrontenkrieg gegen die Karlisten im Norden, die „kantonalistischen" Föderalisten im Süden und Osten, die Independentisten auf Kuba, die restaurativen Monarchisten im Parlament, in den besitzenden Schichten und in der Armee. Die traditionellen Eliten sollten erneut über ein halbes Jahrhundert die Hegemonie ausüben.

VII. Restauration und Diktatur (1875–1930)

Der eigentliche Architekt der Restauration der Bourbonendynastie und des politischen Systems der Restauration war Antonio Cánovas del Castillo. Er gründete die (Liberal-)Konservative Partei, die sich für ein starkes Königtum, eine institutionelle Neugestaltung des Staates und die Förderung der Interessen der besitzenden und gebildeten Schichten einsetzte. Die zweite bedeutende Partei der Restaurationsära war die (Fusionistisch-)Liberale Partei unter Práxedes Mateo Sagasta (1827–1903); ihr ursprüngliches Programm umfaßte die „aufrichtige Durchführung des repräsentativen Systems", die Monarchie an der Spitze der „fortschrittlichen Entwicklung des Volkes" und Opposition gegen die konservative Regierung.

Die Restauration der Bourbonen wurde von der Rückkehr der bürgerlich-großgrundbesitzenden Schicht an die Macht sowie von der Wiederaufnahme gemäßigt-liberaler Verfassungsvorstellungen begleitet. Die von Cánovas vorbereitete Verfassung von 1876 (die formal bis 1931 in Kraft blieb) stellte die königliche Prärogative im Verfassungssystem wieder her. Die Rückkehr zum Zensuswahlrecht (bis 1890, als das allgemeine Männerwahlrecht eingeführt wurde) wurde mit dem geringen Bildungsniveau des Volkes begründet. (1877 waren noch 75,5 Prozent der Spanier Analphabeten, 1900 immer noch 66,5 Prozent.)

Das Regierungssystem der Restauration wurde von einem künstlichen Parteienmechanismus der zwei führenden „dynastischen" Parteien, den Liberalen und den Konservativen, geprägt, die im „Pardo-Pakt" 1885, beim frühen Tod von Alfons XII, übereingekommen waren, zur Sicherung der Monarchie ihren Kampf gegeneinander einzustellen und in regelmäßigem Alternieren die zukünftigen Regierungswechsel bei Manipulation der Wahlergebnisse durch die jeweils regierende Partei friedlich vorzunehmen. Bei jeder zweiten Wahl stellten somit die Liberalen beziehungsweise die Konservativen die Regierung; der Austausch ging über die Krone vor sich.

Joaquín Costa (1846–1911), einer der großen „Erneuerer" in Spanien um die Jahrhundertwende, hat das System der Restauration eine „unheimliche Orgie von Oligarchie und Kazikentum" genannt. Kazikentum und Wahlmanipulation waren in der überwiegend vorindustriellen, analphabetischen Gesellschaft der Restaurationsepoche funktionale Bestandteile des Regierungssystems, dessen Nutznießer im wesentlichen wiederum die Oligarchie war.

Die Restaurationsära stellt in der spanischen Geschichte nicht nur eine politische Einheit dar; sie ist zugleich die Phase, in der in einigen Landesteilen der industrielle Durchbruch gelang. Die Jahre 1868 bis 1874 hatten bereits die ausländische Investitionsneigung gefördert, da die Revolutionsregierungen eine gemäßigte Freihandelspolitik betrieben und den spanischen Markt dem ausländischen Kapital öffneten. Von besonderer Bedeutung wurde das Bergbaugesetz von 1868, das die Möglichkeit eröffnete, Abbaurechte auf Dauer zu erwerben; es führte in den folgenden Jahrzehnten zu einem gewaltigen Einströmen ausländischer Geldmittel, zu einem Anstieg von Bergbaukonzessionen und einer Ära unerwarteter Konjunktur und fieberhafter Spekulation.

Von besonderer Bedeutung für den Industrialisierungsprozeß wurde der Eisenerzbau in Vizcaya. Das Vereinigte Königreich wurde zum wichtigsten Abnehmer spanischer Eisenerze, die zu 91,6 Prozent exportiert wurden. Die ausländische Nachfrage nach spanischem Erz war ein wichtiger Faktor für die spanische Kapitalbildung; ein Teil der Gewinne blieb bei den baskischen Grubenbesitzern und ermöglichte nach 1880 den aufsehenerregenden „take-off" Vizcayas, das sich zum Zentrum der spanischen Schwerindustrie entwickelte.

Die weitere Industrialisierung in der Restaurationsära gründete vor allem auf dem Export baskischen Eisenerzes nach England, dem Export katalanischer Textilwaren in die verbliebenen Kolonien und den Geldsendungen emigrierter Spanier. Die Industriestruktur blieb durch ihre nahezu ausschließliche Konzentration auf die Peripherie des Landes gekennzeichnet. Als wichtigste industrielle Konzentrationsgebiete entwickelten sich die Provinzen Vizcaya und Barcelona, sodann Valencia, Guipúzcoa und Asturien. Rund 80 Prozent der Gesamtindustrie waren in Rand-, nur 20 Prozent in Innerspanien lokalisiert.

Die zum Teil beachtlichen Erfolge der Industrialisierung im letzten Drittel des 19. Jahrhunderts dürfen nicht darüber hinwegtäuschen, daß Spanien zu Beginn des 20. Jahrhunderts nach wie vor ein primär landwirtschaftlich geprägtes Land war. Vor Beginn des Ersten Weltkrieges beruhte der spanische Außenhandel immer noch auf dem Verkauf von Bodenprodukten und Bodenschätzen und dem Ankauf von Fertigwaren. Das Volkseinkommen von 10,7 Milliarden Peseten im Jahr 1914 wurde zu 38,4 Prozent aus Landwirtschaft und Viehzucht und nur zu 25,9 Prozent aus Bergbau, Industrie und Handwerk erwirtschaftet. 71,1 Prozent der Arbeitskräfte waren im Agrarsektor, nur 17,1 Prozent in Bergwerken, der Industrie und der Bauwirtschaft beschäftigt. Eine „industrielle Revolution" klassischen Typs fand somit nicht statt.

Allerdings führte die (einseitige) Industrialisierung zur ersten bedeutenden Veränderung der spanischen Gesellschaft seit Jahrhunderten: Es entstand ein Industrieproletariat. Allein in Katalonien verfünffachte sich zwischen 1877 und 1920 die Zahl der Industriearbeiter von 76500 auf 380000. Ende des Jahrhunderts gab es in den Städten eine Million Arbeiter. Im Jahr 1900 stammten schon 23 Prozent (1920: 31 Prozent) der Einwohner der Provinz Barcelona aus anderen Provinzen, waren somit zugewanderte Arbeitskräfte. Die entstehende Industriearbeiterschaft wurde weder in das politische und gesellschaftliche System der isabellinischen Monarchie noch in das der Restauration integriert.

Die Bildung einer wirklichen spanischen Arbeiterbewegung erfolgte im Zuge der Industrialisierung erst im letzten Drittel des 19. Jahrhunderts. Zuvor waren Unruhen und Sozialproteste weitgehend unorganisiert und regional begrenzt gewesen. Die erste und wichtigste Strömung der Arbeiterbewegung war der Anarchismus, dessen Anfänge in das Jahr 1868 zurückreichen.

Von Anfang an hatte der iberische Anarchismus sozial und regional zwei Schwerpunkte: den latifundistischen Süden des Landes, in dem der andalusische Agrar- und Handwerkeranarchismus Wurzeln schlug, und den relativ industrialisierten Nordosten der Halbinsel, wo sich der katalanische Anarchosyndikalismus durchsetzte. Diese soziale (Land- und Industriearbeiter) und regionale (Andalusien – Katalonien) Differenzierung war nicht nur in der Forschung Anlaß für die verschiedensten Erklärungshypothesen zu den Entstehungsursachen des spanischen Anarchismus, sondern bedingte auch wesentlich Strategie und Taktik der revolutionären Bewegung. Von 1874 bis 1881 war die Internationale in Spanien verboten. Die Illegalisierung führte bei einem Teil der anarchistischen Bewegung zur Radikalisierung und in deren Gefolge zur Spaltung des „spanischen Regionalbundes" der Internationalen. Die Auseinandersetzung zwischen kollektivistischen Anarchisten, die für legalistische Kampfmethoden und Generalstreiks eintraten, und aufständischen Anarchokommunisten, die die individuell-revolutionäre Tat propagierten, endete Anfang des 20. Jahrhunderts in einem Kompromiß. 1910 wurde der „Nationale Arbeiterbund" (*Confederación Nacional del Trabajo*, CNT) gegründet, der zur bedeutendsten Arbeitergewerkschaft des Landes werden sollte.

Die Richtung der sogenannten „Autoritären" organisierte in Madrid die Bewegung des marxistischen Sozialismus, die 1879 zur Gründung der Sozialistischen Spanischen Arbeiterpartei

(*Partido Socialista Obrero Español*, PSOE) führte. Diese verfolgte das Ziel, die politische Macht mit legalen Mitteln zu erlangen. Auch die 1888 ins Leben gerufene sozialistische Gewerkschaft *Unión General de Trabajadores* (UGT, Allgemeiner Arbeiterbund) war reformistisch ausgerichtet und erstrebte den Aufstieg der Arbeiterklasse durch friedliche Mittel. Die sozialistische Bewegung war von Anfang an ein Zweig des europäischen Sozialismus der Zweiten Internationale. Die Organisation wurde maßgeblich durch ihren Gründer Pablo Iglesias (1850–1925) geprägt. Eine legale Basis erlangten die sozialistischen Organisationen erst 1887 durch das „Gesetz über die Vereinsbildung".

Zu den Emanzipationsbewegungen der Arbeiterschaft trat im letzten Drittel des 19. Jahrhunderts eine Bewegung regionaler Minderheiten, die sich unterschiedlich artikulierte. Die Regionalbewegungen entstanden, zumindest teilweise, als Reaktion auf die Zentralisierungstendenzen in der staatlichen Verwaltung: Das Restaurationssystem vereinheitlichte nicht nur die Rechtssphäre (Strafprozeßordnung, Oberstes Verwaltungsgericht, Bürgerliches Gesetzbuch), sondern hob nach den Karlistenkriegen auch die letzten Sonderrechte des Baskenlandes und Navarras auf, wo fortan sämtliche gesetzliche Bestimmungen uneingeschränkt galten.

Die Bewegung regionaler Minderheiten war allerdings lange vor der Restauration entstanden. In Katalonien äußerte sie sich zuerst, seit Mitte des 19. Jahrhunderts, als Kulturnationalismus. Allmählich erfolgte dann der Übergang vom Katalanismus als kultureller Renaissancebewegung zu einer politischen Autonomiebewegung. Die Theorie eines „nationalen Regionalismus" betonte die historische Individualität Kataloniens, die sich in ihrem Erneuerungswillen gegen das unitarische Regime wandte. In dieser Theorie wurde Spanien zwar als Staat, nicht jedoch als Nation anerkannt; als eigentliche Nation galt vielmehr Katalonien.

Die katalanistische Bewegung im eigentlichen Sinne entstand in den 1880er Jahren als Mittelschichtphänomen, dem sich auch die Industriebourgeoisie der Region anschloß. Die Aktionen zur Verteidigung des katalanischen Rechts führten 1892 zur Verkündigung der (auf Enric Prat de la Riba zurückgehenden) maximalistischen *Bases de Manresa*, die als Grundlage des katalanischen Autonomieprogramms eine politische Neustrukturierung Spaniens forderten. Zu Beginn des 20. Jahrhunderts kam es zur Gründung regionalistischer beziehungsweise autonomistischer Parteien. Im Jahr 1901 wurde von Enric Prat de la Riba (1870–1917) die Regionalistische Liga Kataloniens *(Lliga Regionalista de Catalunya)* als konservativ-autonomistische Partei gegründet, die in den folgenden Jahren zur unbestrittenen Führungsmacht in mehreren Gebieten Kataloniens wurde. Im Jahr 1913 erreichte sie mit dem organisatorischen Zusammenschluß der vier katalanischen Provinzialausschüsse zur sogenannten *Mancomunitat* den ersten Schritt auf dem Wege institutioneller Anerkennung Kataloniens als regionaler politischer Einheit.

Der zweite, wenn auch vorerst weit weniger dynamische Herd regionalistischer Autonomiebestrebungen entstand im Baskenland. Zusammen mit dem in der Restauration einsetzenden wirtschaftlichen „take-off" und dem dadurch beförderten regionalen Sonderbewußtsein führten die Zentralisierungsmaßnahmen Madrids schnell zur Herausbildung eines baskischen Nationalismus. Von diesem wurden vor allem jene bürgerlichen Mittelschichten erfaßt, die nicht in den Industrialisierungsprozeß einbezogen waren, sondern sich durch ihn marginalisiert oder gar existentiell bedroht fühlten.

Als Begründer der nationalistischen Ideologie des Baskenlandes gilt Sabino de Arana (1865–1903), der unter dem Wahlspruch „Gott und alte Gesetze" 1894 die erste nationalistische Organisation gründete, aus der ein Jahr später die Baskische Nationalistische Partei (*Partido Nacionalista Vasco*, PNV) hervorging. Ihr Programm war eine Mischung aus religiös-theokratischen und ethnisch-nationalistischen Elementen; es propagierte, auf der Grundlage rassischer und kulturnationaler Einzigartigkeit, besonders aber der „Reinheit" des baskischen Volkes, einen unabhängigen Bund aller baskischen Provinzen, für die das neue Einheitswort *Euskadi* geschaffen wurde.

Insgesamt brachten der wirtschaftliche Aufschwung in der Restaurationsära und die Zentralisierungsbestrebungen der Madrider Regierung auch die Bewegungen hervor, die mittelfristig zu einem Zündsatz für den Bestand der Restauration werden konnten: die Arbeiterschaft, die vom wirtschaftlichen Aufschwung kaum profitierte; die antizentralistischen Bewegungen des katalanischen und baskischen Nationalismus; und die kleinbürgerlich-mittelständischen Schichten, die nicht in das oligarchische Machtkartell des Restaurationsstaates integriert waren.

Trotz der verschiedenen innenpolitischen Krisenherde kam die erste große Krise des Systems nicht von innen, sondern von außen; es ging um das Kuba-Problem. Seit 1895 kämpften unter der Führung der Kubanischen Revolutionären Partei von José Martí (1853–1895) die kubanischen Separatisten um ihre Unabhängigkeit. Kaufangebote und Ultimaten der USA wurden in Spanien bewußt nicht zur Kenntnis genommen. Als im Hafen von La Habana im Februar 1898 der US-Panzerkreuzer „Maine" durch eine Explosion zerstört wurde, war der Krieg zwischen den USA und Spanien um Kuba unvermeidlich. In den Seeschlachten von Cavite (Philippinen) und Santiago de Cuba büßte Spanien nicht nur seine gesamte Kriegsflotte ein, sondern verlor auch die Reste des einst mächtigsten Imperiums der Welt. Im Frieden von Paris (Dezember 1898) verzichtete Spanien auf seine letzten Überseebesitzungen: Kuba, die Philippinen, Puerto Rico und (gegen finanzielle Entschädigung) die weitverstreuten Inselgruppen Mikronesiens. Damit war – vier Jahrhunderte nach ihrem Beginn – die spanische Kolonialherrschaft zu Ende; vom einstigen Weltreich blieb nichts übrig.

Bis heute werden in der spanischen Historiographie die Ereignisse jenes Jahres als „Desaster" bezeichnet. Das Jahr 1898 symbolisierte den Zusammenbruch des gesamten Restaurationssystems. Schlagartig wurde den kritischen Zeitgenossen deutlich, daß Spanien an einem Tiefpunkt angelangt war und grundsätzliche Änderungen vorgenommen werden mußten. Bei Intellektuellen setzte eine pessimistische Seelenerforschung über die (angebliche) Unfähigkeit des ‚hispanischen' Menschen ein, sich der Modernität von Kapitalismus und Naturwissenschaften anzupassen. Eine ganze Generation von Schriftstellern, die „Generation von 1898", ging mit der Restaurationsära scharf ins Gericht, reflektierte unablässig das „Spanienproblem" und erstrebte die Europäisierung des Landes.

Auch verfassungshistorisch bedeutete die Jahrhundertwende insofern einen Einschnitt und den Beginn einer neuen Phase, als das System der alternierenden Parteien in die Krise geriet. 1897 wurde Cánovas ermordet, 1903 starb Sagasta. Damit hatten die beiden dominierenden dynastischen Parteien ihre Führer verloren; eine neue Politikergeneration trat hervor. 1902 vollendete auch Alfons (XIII.) das 16. Lebensjahr, womit die lange Regentschaft seiner Mutter, der Königinwitwe María Cristina, zu Ende ging. Die Forderung nach Revision wurde immer lauter erhoben: Eine „Erneuerungsbewegung" (*Regeneracionismo*) griff um sich. Die Bewegung war stark vom Krausismus beeinflußt – einer philosophischen Richtung, die vom deutschen Philosophen Karl Friedrich Krause (1781–1832), der in der idealistischen Nachfolge Immanuel Kants stand, ihren Ausgang genommen hatte und für eine rationale Interpretation der Existenz eintrat.

Im politischen Bereich waren es auch konservative Politiker, wie die Parteiführer Francisco Silvela (1845–1905) und Antonio Maura (1853–1925), die eine „echte Revolution von oben" forderten. Die ersten Haushalte nach 1898 sahen Einsparungen zur Lösung des Problems des Staatsdefizits vor, eine Steuerreform und Sozialgesetze; weitere Gesetzesprojekte betrafen die Dezentralisierung, die Universitätsreform und Energiepolitik. All diese Bemühungen erfuhren eine plötzliche Unterbrechung durch die bedeutendste Erschütterung, die das Restaurationssystem zwischen 1898 und 1917 erlebte: die „tragische Woche" (*Semana Trágica*) von Barcelona im Sommer 1909.

Hintergrund dieser „tragischen Woche" war abermals der spanische Imperialismus. Nach dem „Desaster" von 1898 wollten sich spanische Politiker und Militärs im Mittelmeerraum und in Afrika am Imperialismus der übrigen europäischen Mächte beteiligen; für die Verluste in Amerika sollte eine

Kompensation in Nordafrika erreicht werden. Die Spanien in einem Vertrag mit Frankreich 1904 zugesprochene Nordzone Marokkos verwickelte das Land erneut in einen verlustreichen Kolonial- und Wüstenkrieg. Als im Sommer 1909 über 40 000 spanische Reservisten nach Marokko geschickt werden sollten, entlud sich die angestaute Spannung in Barcelona. Der Marokkokrieg wurde von den Arbeitern als ein reiner Klassenkrieg betrachtet. Der ausgerufene Generalstreik und die Anti-Kriegs-Demonstrationen verwandelten sich im Juli 1909 eine „tragische Woche" lang in einen anarchistischen und antiklerikalen Aufstand, der sich vor allem gegen Klerus und Kirche richtete. In den vorhergehenden Jahren hatte ein populistischer Demagoge, Alejandro Lerroux (1864–1949), in Katalonien in der Arbeiterschaft mit radikaler Rhetorik Fuß fassen können. Seine 1908 gegründete „Radikale Republikanische Partei" war stark antiklerikal ausgerichtet.

Marokko sollte auch nach 1909 die spanische Politik belasten. Der Krieg war in der Bevölkerung unpopulär, die außerdynastische Linke (Republikaner und Sozialisten) bekämpfte ihn, das Heer spaltete sich darüber, die Kosten stiegen. Statt die „Warnung" von 1909 als Ausgangspunkt für einen geordneten Rückzug zu nehmen, lieferten sich die Politiker immer mehr den Karriere-Interessen der nach 1898 von Prestige- und Funktionsverlust geplagten Militärs aus und verstrickten sich zusehends in das Marokko-Abenteuer, das schließlich zum endgültigen Zusammenbruch des Restaurationssystems führen sollte. Nach dem Ende der „Revolution von oben" häuften sich die Krisenanzeichen. Die *Cortes* wurden über längere Zeiträume hinweg nicht einberufen, die Presse zensiert, die Grundrechte aufgehoben; das Land wurde immer wieder per Dekret regiert. Die „katalanische Frage" sorgte weiterhin für Spannungen, die wirtschaftliche Hochkonjunktur im Krieg und einige Jahre später die Fernwirkungen der Russischen Revolution führten zu einem Anstieg der Arbeitermilitanz.

Vorerst konnte die schleichende Krise allerdings vertuscht werden, da eine ganze Reihe wirtschaftlicher Erfolge zu verzeichnen war. Der Wirtschaftsaufschwung zu Beginn des

20. Jahrhunderts wurde durch den Ersten Weltkrieg, in dem Spanien neutral blieb, abermals verstärkt, wirkte sich allerdings fast nur für die Bourgeoisie positiv aus. Diese jedenfalls profitierte vom Krieg in geradezu extremer Form, da Spanien zum Lieferanten beider Kriegslager wurde. Die Gewerkschaften erlebten in jenen Jahren einen massiven Zulauf: Die anarchosyndikalistische CNT hatte im Dezember 1918 schon 350 000 und ein Jahr später 715 000 Mitglieder; die sozialistische UGT zählte 1917 rund 100 000 und 1921 schon 240 000 Mitglieder.

Im Sommer 1917 trafen sodann drei Krisen aufeinander und versetzten dem Restaurationssystem einen tödlichen Schlag, von dem es sich nicht mehr erholen sollte. Die erste Krise ging vom Militär aus und war ursprünglich eine korporative Angelegenheit. Seit 1916 hatten sich „Verteidigungsjuntas" gebildet, die als Militärkorporationen die berufsständischen und materiellen Interessen der Soldaten auf der Halbinsel gegenüber den in Marokko eingesetzten und daher schneller beförderten Soldaten (*africanistas*) vertreten sollten. Als sich im Frühsommer 1917 die *Juntas* dem Auflösungsbefehl der Regierung widersetzten, kam es nicht nur zu einer politischen Krise, sondern auch zum Rücktritt der Regierung und zur Anerkennung der *Juntas* als Sprecher des Heeres, was das Ende des Restaurationssystems als funktionierendes konstitutionelles Parteiensystem bedeutete.

Der zweite Krisenherd hing aufs engste mit dem parlamentarischen System und dem katalanischen Nationalismus zusammen. Die Regierung hatte es für richtig befunden, die *Cortes* während eines Großteils des Krieges geschlossen zu halten. Nun sah die wirtschaftlich gestärkte und selbstbewußt auftretende katalanische Bourgeoisie eine Chance, ihren Einfluß auf die Madrider Regierung auszudehnen, eine Verfassungsrevision herbeizuführen, die katalanische Autonomie zu erweitern und eine föderative Reorganisation des spanischen Staates zu erwirken. Da die konservative Regierung Eduardo Dato (1856–1921) sich weigerte, das Parlament zur Diskussion einer Systemreform einzuberufen, organisierte Francesc Cambó

(1876–1947), der Führer der bürgerlich-konservativen *Lliga Catalana*, den Zusammentritt eines „Rumpfparlamentes" in Barcelona; viele liberale Parteiführer blieben dem Treffen, das schließlich von der Polizei aufgelöst wurde, allerdings fern, die Forderung nach einer echten Demokratie blieb in Madrid ungehört.

Die dritte Krisensituation entstand aus dem im August 1917 von der UGT ausgerufenen „revolutionären Generalstreik", der in unmittelbarem Zusammenhang mit der Verschlechterung der sozioökonomischen Lage der Arbeiterschaft stand. Außerdem sollte der Streik, bei dem die CNT weitgehend marginalisiert blieb, die Reformforderungen der katalanischen *Asamblea* unterstützen. Das von Sozialisten angeführte Streikkomitee erhoffte sich die Unterstützung der rebellierenden Soldaten der *Juntas*, mußte aber sehr schnell erkennen, daß diese sich sofort auf die Seite der Regierung und des Königs schlugen und den Generalstreik unterdrückten.

Der Anlauf zu gesamtspanischer Machterringung über eine politische „Revolution" der Katalanen gegen die traditionellen Machtträger in Madrid scheiterte; als sich zugleich die Gefahr einer sozialen Revolution der Arbeiterschaft zeigte und die Auseinandersetzungen zwischen Arbeitern und Unternehmern massiv zunahmen, schloß die katalanische Industriebourgeoisie sehr schnell wieder einen politischen Pakt mit den traditionellen Machtträgern. Obwohl somit die drei skizzierten Probleme gleichzeitig auftraten und zu einer Staatskrise wurden, erfolgte doch keine Zusammenarbeit zwischen den revoltierenden Gruppierungen.

Die Staatskrise von 1917 besiegelte das Ende der Restauration, wenn das Regime auch noch weitere fünf Jahre, bis 1923, fortbestand; der eingeleitete Zersetzungsprozeß schritt jedoch beschleunigt voran. Regierungen wechselten immer schneller, Kabinette der „Nationalen Konzentration" banden vorübergehend alle systemtragenden Parteien zusammen, um den Forderungen der Arbeiter, Republikaner und nationalistischen Regionalisten begegnen zu können; das System der Wahlmanipulation funktionierte nicht mehr, durch Parteineu- und -umbildungen zerfiel das Parlament in immer mehr Gruppen; Spanien schien unregierbar geworden zu sein.

Die Wirkungen der Staatskrise von 1917 waren noch nicht abgeklungen, als das Weltkriegsende für die spanische Wirtschaft zugleich das Ende der vorhergehenden Boomphase und den Beginn einer langen Nachkriegsdepression signalisierte. Auf diese reagierten die katalanischen Industriellen mit ihren anachronistischen Rezepten: Sie forderten Schutzzölle, um wenigstens den spanischen Markt wieder monopolisieren zu können; zugleich starteten sie eine heftige Offensive gegen die Arbeiterorganisationen und ihre Forderungen, so daß Spanien zwischen 1918 und 1923 zum Schauplatz der wohl heftigsten Sozialkonflikte wurde, die das Nachkriegseuropa erlebte. Zwischen 1919 und 1923 kam es zu mehr als 700 politischen Attentaten, vor allem in Barcelona. Neben die polizeiliche Repression trat der Gegenterror der „Freien Gewerkschaften", die der Polizeichef Barcelonas persönlich organisierte. Die gedungenen Pistolenschützen (*pistoleros*) des Zivilgouverneurs von Katalonien, Severiano Martínez Anido (1862–1938), und der Unternehmer auf der einen und die der CNT auf der anderen Seite lieferten sich in Barcelona nahezu täglich Guerrillagefechte und offene Straßenschlachten.

Den letzten Anstoß zum endgültigen Zusammenbruch des Systems lieferte wieder die Kolonialpolitik in Marokko. 1921 war es in Annual, der spanischen Militärstellung im Rif, zu einer vernichtenden spanischen Niederlage gekommen; der legendäre marokkanische Anführer Abd el Krim (1882–1963) warf die Spanier, von denen 10 000 ihr Leben lassen mußten, an die Küsten zurück. Der amtliche Untersuchungsbericht über die Katastrophe von Annual wurde vorerst nicht publiziert, da von seiner Veröffentlichung sowohl eine Desavouierung von König Alfons XIII. als auch weitergehende Erschütterungen im „Mutterland" befürchtet wurden. Als die Entrüstung in Spanien kein Ende nahm und der Untersuchungsbericht schließlich in den *Cortes* debattiert werden sollte, außerdem die katalanische Bourgeoisie wegen der anhaltenden sozialen Unruhen nach einer autoritären Krisenlösung in Form eines Militärregimes suchte, unternahm – versehen mit dem Wohlwollen der Bourgeoisie und der Krone – im September 1923 der Generalkapitän von Katalonien, Miguel Primo de Rivera (1870–1930), einen Staatsstreich, löste die *Cortes* auf und schaffte damit das konstitutionelle System ab. Nachdem der anfängliche Widerstand von Anarchosyndikalisten und der erst zwei Jahre zuvor entstandenen Kommunistischen Partei (*Partido Comunista de España*, PCE) gebrochen war, stellten sich der Errichtung der Diktatur keine weiteren Hindernisse in den Weg.

Die Ziele, die Primo de Rivera mit seinem Staatsstreich verfolgte, waren die Rettung der monarchischen Institution, die Lösung des Marokkoproblems und die Beendigung des Terrorismus. Die politische Ideenwelt Primo de Riveras war äußerst simpel: Antipatriotische Berufspolitiker hatten Spanien zerstört, ein Patriot aus Berufung wollte und würde das Land wieder aufrichten. Anfangs konnte der Diktator auf vielfältige Unterstützung setzen: Die Industrie, vor allem die katalanische Bourgeoisie, erlebte vorerst einen Aufschwung; die Großgrundbesitzer profitierten ebenfalls von der protektionistischen Politik, begrüßten außerdem die Wiederherstellung der „öffentlichen Ordnung" auf dem Land; die Kirche wurde vom Regime umworben, katholische Universitäten wurden aufgewertet, die geistig-erzieherischen Forderungen der Kirche anerkannt; das Militär stand zwar der Diktatur anfangs reserviert gegenüber, doch die „Befriedung" Marokkos brachte Primo de Rivera die Anerkennung des Offizierskorps ein. Zu all diesen Unterstützungen gesellte sich noch die der Sozialisten, die mit dem Diktator auf sozialpolitischem Gebiet und in vielen Institutionen zusammenarbeiteten. UGT-Chef Francisco Largo Caballero (1869–1946) wurde „Staatsrat" für Arbeitsfragen.

Für die Politik der Diktatur lassen sich zwei große Themenbereiche ausmachen: Der eine war die Marokkopolitik, der andere der Arbeits-, Sozial- und Wirtschaftsbereich. Den Marokkokrieg konnte Spanien 1927 im wesentlichen beenden, das Protektorat war „befriedet", wenn auch Guerrilla-Aktivitäten die Spanier weiterhin in Schach hielten.

Wirtschaftspolitisch ging Primo de Rivera davon aus, daß der Staat die Rolle eines „Regenerators" zu spielen habe. Charakteristika der Wirtschaftspolitik waren der Korporativismus im Arbeitsbereich, der Staatsinterventionismus im Wirtschaftsbereich und die Entwicklungspläne als Implementierungsmechanismen dieser Politik. Viele Projekte wurden in Angriff genommen.

Zu den größten Problemen zählten die Währungs- und Finanzpolitik. Finanzminister José Calvo Sotelo (1893–1936) wollte auf der Grundlage einer abgestuften Einkommens-, Luxus- und Gewinnsteuer eine Steuerreform durchführen. Der Plan brachte ihm von den Unternehmern den Vorwurf des „Bolschewismus" ein; sein Projekt wurde sofort fallengelassen und durch eine Erhöhung der indirekten Steuern zu Lasten der ärmsten Steuerzahler ersetzt. Die kostspielige Politik öffentlicher Ausgaben stellte das Regime allmählich vor große Finanzprobleme. Obwohl diese zur Destabilisierung der Diktatur beitrugen und deren letzte Phase von den Auswirkungen der Weltwirtschaftskrise betroffen wurde, war das Scheitern der Diktatur nicht in erster Linie ökonomisch, sondern politisch bedingt. Viele der Kräfte, die anfangs Primo de Rivera unterstützt hatten, wurden allmählich zu Gegnern der Diktatur. Zu den Kräften andauernder Opposition gesellten sich die Katalanisten, nachdem deutlich geworden war, daß Primo de Riveras Sympathien für Katalonien nicht eine Selbstverwaltung der Region anstrebten. Die verschiedenen Fraktionen der politischen Opposition konnten sich auch die Unterstützung der Intellektuellen sichern. Den Ausschlag gab schließlich das Militär. Als Primo de Rivera auf seine Anfrage bei den Generalkapitänen, ob er weiterhin das Vertrauen der Offiziere genieße, negative oder ausweichende Antworten erhielt und der König, der gewissermaßen als „Befreier" dastehen wollte, ihm das Vertrauen entzog, trat er im Januar 1930 zurück und ging ins französische Exil, wo er kurz danach starb.

Die Diktatur war als ‚Notpakt' zwischen den in ihrer Machtausübung bedrohten Gruppen der Oligarchie entstanden, die dem Heer und dem König eine neue Herrschaftsform antrugen, da die überkommene konstitutionelle Monarchie sich als funktionsunfähig erwiesen hatte; die Diktatur war eine Lösung ‚technischer‘ Art zur Erhaltung der vom Umsturz bedrohten gesellschaftlichen Machtverhältnisse. Die paradoxe Unterstützung, die die Diktatur anfangs von liberalen und selbst sozialistischen Kräften erhielt, erklärt sich nicht nur aus der Strukturkrise des Staates, sondern auch aus dem Fehlen wirtschaftlicher und sozialer Lösungen in der vorhergehenden Phase. Im Jahr 1922 waren nahezu alle sozialen Kräfte vom politischen System der Restauration enttäuscht gewesen. Der grundlegende Reformversuch der Diktatur scheiterte jedoch, und allmählich wandten sich all die Kräfte, die anfangs Primo de Rivera unterstützt hatten, enttäuscht über die wirtschaftliche Ineffizienz und Korruption vom Regime ab. Das Scheitern des ‚autoritären‘ Lösungsweges erklärt den Übergang zur demokratischen Staatsform im Jahr 1931.

VIII. Zweite Republik und Bürgerkrieg (1931–1939)

Die dreißiger Jahre gehören zu den konfliktreichsten Perioden der neueren spanischen Geschichte. Im ökonomischen Bereich unternahm die Zweite Republik (1931–1936/39) den Versuch, die überkommenen Agrarstrukturen grundlegend zu modifizieren; politisch erfolgte eine Demokratisierung, die für die damalige Generation eine einzigartige Erfahrung darstellte; im sozialen und ideologischen Bereich waren die Jahre nach 1931 ein fortgesetzter Kampf zwischen einer katholisch-konservativen Rechten, einer bürgerlich-liberalen Mitte und einer anarchistisch-laizistischen Linken; auf internationaler Ebene schließlich waren die spanischen Kämpfe auch eine Phase der allgemein-europäischen Auseinandersetzung zwischen Demokratie, Faschismus und Kommunismus.

Als 1931 die Monarchie zusammenbrach, harrten die „klassischen“ Probleme Spaniens dringender denn je einer Lösung. Die Sozialisten interpretierten den Regime-Übergang als

„bürgerliche Revolution", in der liberal-republikanische Parteien die politische Führung zu übernehmen hätten und die Sozialistische Arbeiterpartei (PSOE) sie dabei unterstützen müsse. Im Gegensatz zu den Sozialisten betrachteten die Anarchisten die Republik von Anfang an mit Skepsis. Die 1927 gegründete *Federación Anarquista Ibérica* drängte zur sofortigen Revolution, die Gewerkschaft CNT war hinsichtlich des einzuschlagenden Kurses uneinig und spaltete sich zu Beginn der Republik. Die von Anarchisten ausgerufenen Streiks und mehrere Aufstände wurden von den Behörden mit äußerster Härte niedergeschlagen; von Anfang an wurde damit deutlich, daß die Republik ihre wohl härteste Bewährungsprobe im Sozialbereich würde bestehen müssen.

Während die Linke zu Beginn der Republik ihre traditionellen Organisationsformen entweder fortführen (PSOE, UGT) oder neu aufbauen konnte (CNT, PCE), war die Rechte vom politischen Wechsel derart überrascht und desorientiert worden, daß sie vorerst keine einheitliche Organisation zu präsentieren imstande war. Die Mittelschichten wiederum und die Kleinbourgeoisie entschieden sich in den Städten mehrheitlich für die Republik; sie traten für eine „bürgerliche" Politik ein, deren Ziel die Bewahrung des sozioökonomischen status quo war.

Verfechter einer derartigen „bürgerlichen" Politik war die Radikale Republikanische Partei von Alejandro Lerroux, deren Standort sich während der Republik immer weiter nach rechts verschob. 1934 spaltete sich der linke Parteiflügel unter Diego Martínez Barrio (1883–1962) ab und bildete die Republikanische Union (*Unión Republicana*), die – ebenso wie die Republikanische Linke (*Izquierda Republicana*) von Manuel Azaña (1880–1940) – für eine umfangreiche Reformpolitik im Rahmen der parlamentarischen Republik eintrat. In Katalonien repräsentierte die linksliberale *Esquerra Republicana de Catalunya* unter der Führung von Oberst Francesc Macià (1859–1933) und Lluis Companys (1883–1940) die Interessen des Kleinbürgertums.

Bei den Wahlen zur Verfassunggebenden Versammlung errangen die Sozialisten und die Republikaner im Juni 1931 einen überwältigenden Sieg: Die Parteien der Linken und der Mitte erhielten zusammen nahezu 400, die der Rechten ungefähr 80 Sitze im Parlament. Damit hatten zwar die reformfreudigen Kräfte ein deutliches Übergewicht in den *Cortes*; der Wahlsieg war jedoch zum Teil auch auf das republikanische Wahlsystem zurückzuführen, das Parteienbündnisse gegenüber isoliert antretenden Parteien begünstigte. Bei den folgenden Wahlen von 1933 wurden angesichts der zunehmenden Auffächerung der Parteienlandschaft gesamtstaatliche Wahlbündnisse wiederum dringend erforderlich; vor allem die in viele Gruppen aufgespaltenen Republikaner drängten zu Listenverbindungen, da sie ohne eine Wahlkoalition zum parlamentarischen Untergang verurteilt waren. War das Wahlsystem 1931 der Linken zugute gekommen, so profitierte 1933 die Rechte davon, die sich zwischenzeitlich organisiert und zu einem Wahlbündnis, der CEDA (*Confederación Española de Derechas Autónomas*, „Spanischer Bund Autonomer Rechtsparteien"), zusammengeschlossen hatte. Die CEDA propagierte unter ihrem Vorsitzenden José María Gil Robles (1898–1980) eine konservative, auf Privateigentum basierende Agrarpolitik; sie war die Interessenvertretung der Oligarchie und setzte sich, unter Berufung auf die Soziallehre der katholischen Kirche, für die Belange der Oberschicht ein.

Die Eigenart des Wahlsystems führte dazu, daß die Geschichte der Zweiten Republik in drei deutlich voneinander unterscheidbare Phasen aufgeteilt werden kann: Die erste Phase waren die Reformjahre (*bienio de reformas*), in denen die verbündeten Republikaner und Sozialisten die Lösung der Hauptprobleme in Angriff nahmen; die zweite Phase hat die Bezeichung „das schwarze Doppeljahr" (*el bienio negro*) erhalten, als viele Reformen, vor allem auf dem Agrarsektor, wieder rückgängig gemacht wurden; die Monate zwischen den Volksfrontwahlen im Februar 1936 und dem Beginn des Bürgerkriegs im Juli jenes Jahres stellen schließlich die dritte Phase dar, in der die Entwicklung auf dem Agrarsektor der Regierungskontrolle entglitt und revolutionäre Züge annahm.

Die Zweite Republik begann ihre wechselvolle Existenz

nicht nur unter der Last der seit Jahrzehnten verschleppten Probleme; sie sah sich außerdem noch den in Spanien verspätet eintretenden Folgewirkungen der Weltwirtschaftskrise ausgesetzt. Der Außenhandel erlitt nach 1931 einen deutlichen Einbruch und sank unter ein Drittel des 1928 erreichten Niveaus. Zu den Folgen der Weltwirtschaftskrise zählte insbesondere auch das Anwachsen der Arbeitslosigkeit, die im ersten Halbjahr 1936 auf fast 800000 anstieg, von denen nahezu zwei Drittel im Agrarsektor registriert waren. Zweifellos trug die Arbeitslosigkeit im Agrarsektor zu einer Verschärfung der sozialen Spannungen bei, die durch die extreme Langsamkeit der Agrarreform hervorgerufen worden waren. 40 Prozent aller Streiks erfolgten im Agrarsektor, weitere 20 Prozent in der Bauwirtschaft und in der Bergwerksindustrie. Die Anzahl verlorener Arbeitstage stieg von 3,8 Millionen (1931) auf 14,4 Millionen (1933), die der ausgerufenen Streiks im gleichen Zeitraum von 734 auf 1 127.

Die ersten republikanischen Regierungen gingen mit Energie an ihre große Bewährungsprobe im Agrarbereich heran, stießen jedoch schnell auf den Widerstand der Latifundisten, die jegliche Reform zu verhindern trachteten. Der mißglückte Putschversuch von General José Sanjurjo (1872–1936) im Sommer 1932 beschleunigte schließlich die Verabschiedung des Agrarreformgesetzes vom 15. September 1932, das die Frage der Grundbesitzenteignungen, der Entschädigungen und der Landverteilungen an die Agrarbevölkerung regelte. Den Auftrag zur Durchführung der Gesetzesbestimmungen erhielt das Institut für Agrarreform.

Nach dem Wahlsieg der Konservativen (1933) ging die Regierung Lerroux sofort daran, einen Teil der zuvor erlassenen Reformgesetze außer Kraft zu setzen. Teilweise gelang es der Landoligarchie, ihren Einfluß im Süden wiederzugewinnen, wodurch sich die Lage der Agrararbeiter sprunghaft verschlechterte. Die Löhne wurden gesenkt, beschlagnahmtes Land ging an seine früheren Eigentümer zurück, die Agrarreform fand ein klägliches Ende. Die Politik der Jahre 1934/35 trug zweifellos zur Radikalisierung der Landarbeitermassen bei.

Nicht minder dramatisch gestaltete sich als zweites Hauptproblem der Republik das Verhältnis zwischen Staat und Kirche. Schon bei der Verfassungsdiskussion war es 1931 bei den Fragekomplexen Glaubensfreiheit, Religionsausübung, Unterrichtswesen zu erheblichen Friktionen zwischen den laizistischen Abgeordneten und den Interessenvertretern der Kirche gekommen. Die Verfassung von 1931 garantierte sodann die Gewissens- und Kultusfreiheit, alle religiösen Bekenntnisse wurden gleichgestellt, die Kirchen als Vereine betrachtet, Vergünstigungen und Unterstützungen abgeschafft. Religiöse Orden durften weder Vermögen erwerben noch Gewerbe, Handel oder Unterricht ausüben, sie wurden den allgemeinen Steuergesetzen unterworfen; der Jesuitenorden wurde verboten.

Nicht nur die Beschneidung der kirchlichen Stellung im Bildungssektor führte zu heftigen Reaktionen der verunsicherten kirchlichen Hierarchie. Die in der Verfassung vorgenommene Trennung von Staat und Kirche, der laizistische Charakter des neuen Regimes und der Antiklerikalismus führender Politiker bewirkten, daß die Amtskirche zu einer Gegnerin der Republik und zu einem Sammelbecken der Reaktion wurde, wenn auch der niedere Klerus anfangs die Ausrufung der Republik keineswegs ohne Sympathien betrachtete.

In der Gegnerschaft zur Republik gesellte sich zur Kirche ein Teil des Militärs, das sich von der Regierung herabgesetzt und gedemütigt fühlte. Kriegsminister Azaña wollte mit seiner Militärreform eine Demokratisierung der Streitkräfte, die Verringerung des Militärhaushaltes und die Verkleinerung des stark aufgeblähten Offizierskorps erreichen. Im rein „technischen" Sinne war die Reform auch durchaus positiv: Der Militärdienst wurde verkürzt, die Anzahl der Armeedivisionen halbiert, die der Offiziere stark gekürzt, weitere Reformen sollten eine Unterordnung des Militärs unter zivile Institutionen sicherstellen. Durch diese Maßnahmen wurde allerdings das Mißtrauen der Armee gegenüber der Republik verstärkt, schon früh wurden in den Offizierskasinos Verschwörungspläne gegen die Republik geschmiedet.

Partiell gelöst wurde das Problem des katalanischen Nationalismus, nachdem die Katalanisten schon im September 1932 für ihre Region ein Autonomiestatut durchsetzen konnten, durch das Katalonien eine eigene Regierung, die *Generalitat*, ein Parlament und umfangreiche Selbstverwaltungsrechte mit unteren und mittleren Verwaltungskompetenzen erhielt. Als besonders problematisch erwies sich die Nationalismusfrage ab November 1933, als die Zentralregierung vom „Radikalen" Lerroux mit parlamentarischer Unterstützung durch die CEDA gebildet wurde. Denn: Die Basken fühlten sich in ihren traditionellen Steuerregelungen beschnitten und näherten sich, obwohl selbst katholisch-konservativ, den oppositionellen Sozialisten an.

Auf welch prekärer Grundlage die Reformen der Zweiten Republik, insbesondere auch die nationalistische Problematik, standen, lassen die Ereignisse von Oktober 1934 deutlich werden. Seit dem Wahlsieg der Rechten herrschte im Land nervöse Spannung. In dieser kritischen Situation bildete im Oktober 1934 die CEDA mit der Radikalen Partei eine Regierungskoalition; der Regierungseintritt der CEDA wurde von der Linken als Machtergreifung des Faschismus interpretiert, den es zu verhindern galt. Die Ausrufung des Generalstreiks wurde von der Regierung mit der Verhängung des Kriegszustandes beantwortet; in Katalonien und Asturien brach die Streikbewegung nicht zusammen, weitete sich vielmehr zu einem sozialen Aufstand aus. Die Revolte konnte in Katalonien allerdings schnell niedergeschlagen werden, die *Generalitat* wurde suspendiert.

Weiterreichende Folgen hatte der Arbeiteraufstand in Asturien, wo sich Sozialisten, Anarchosyndikalisten und Kommunisten unter der Parole „Vereinigt Euch, proletarische Brüder!" zur gemeinsamen Aktion zusammenschlossen; ungefähr 30 000 Bergarbeiter leisteten zwei Wochen lang der Afrika-Armee und der Fremdenlegion unter dem Kommando von General Francisco Franco (1892–1975) Widerstand. Nach der Niederschlagung des Aufstandes wurden einige Zehntausend Gewerkschafter und „Verdächtige" inhaftiert. Die Nachwirkungen des

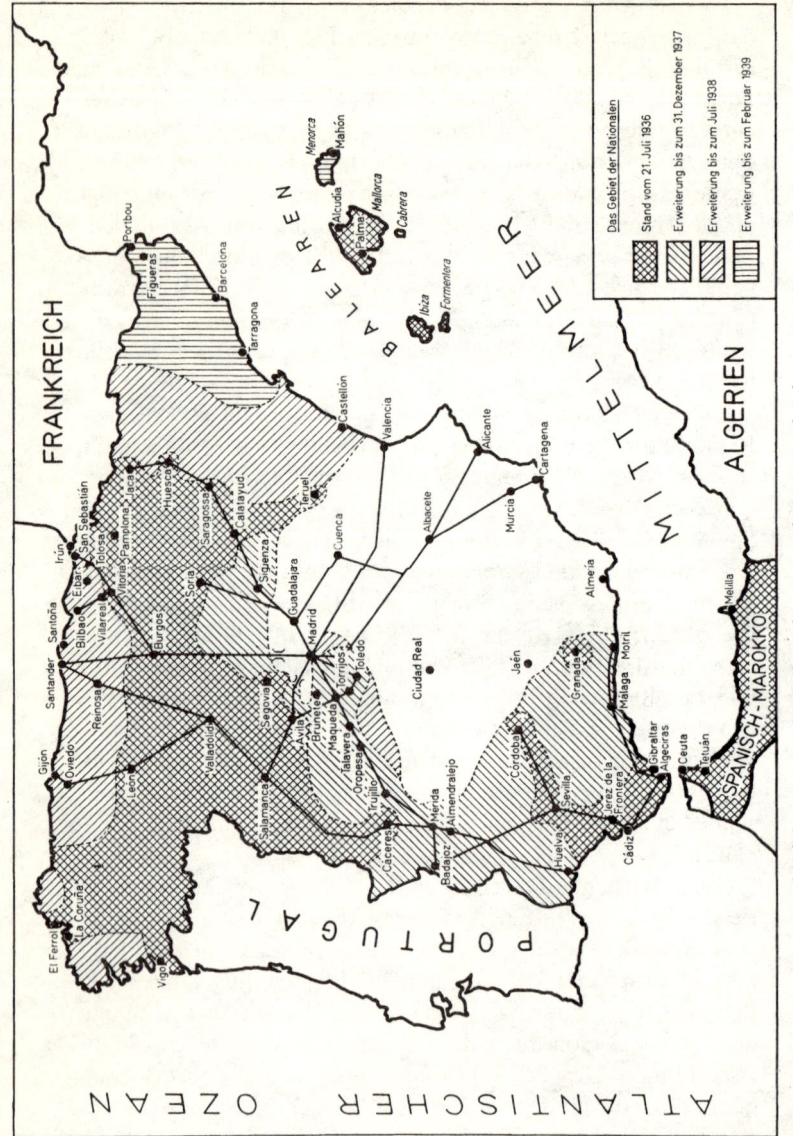

Verlauf der Fronten zwischen dem 21. Juli 1936 und Februar 1939

Das Gebiet der Nationalen

Stand vom 21. Juli 1936

Erweiterung bis zum 31. Dezember 1937

Erweiterung bis zum Juli 1938

Erweiterung bis zum zum Februar 1939

FRANKREICH

ALGERIEN

MITTELMEER

BALEAREN

Menorca
Mahón
Alcudia
Palma
Mallorca
Cabrera
Ibiza
Formentera

Portbou
Figueras
Barcelona
Tarragona
Castellón
Valencia
Alicante
Cartagena
Murcia
Almería
Motril
Málaga
Granada
Gibraltar
Algeciras
Ceuta
Tetuán
Melilla

SPANISCH-MAROKKO

Irún
San Sebastián
Eibar
Tolosa
Vitoria
Pamplona
Jaca
Huesca
Santoña
Bilbao
Villareal
Monte Arraiz
Burgos
Soria
Calatayud
Saragossa
Sigüenza
Guadalajara
Cuenca
Albacete
Teruel
Madrid
Jaén
Córdoba
Sevilla
Jerez de la Frontera
Cádiz
Huelva
Badajoz
Almendralejo
Mérida
Cáceres
Trujillo
Oropesa
Talavera
Maqueda
Brunete
Ávila
Toledo
Torrijos
Ciudad Real
Renosa
Santander
Oviedo
Gijón
León
Astorga
Salamanca
El Ferrol
La Coruña
Vigo

PORTUGAL

ATLANTISCHER OZEAN

90

„spanischen Oktober" von 1934 führten zu einer deutlichen Radikalisierung der Rechten und der Linken und damit zu einer gesamtgesellschaftlichen Polarisierung im Lande.

Die Auseinandersetzungen zwischen den Parteien über die Liquidierung des Aufstandes von 1934 lähmten das Kabinett, das mehrfach umgebildet wurde. Seine wichtigste politische „Leistung" war der systematische Abbau aller Errungenschaften der ersten Republikjahre. Korruptionsskandale in der Radikalen Partei führten schließlich zu einer Regierungskrise. Im Januar 1936 löste Staatspräsident Niceto Alcalá Zamora (1877–1949) die *Cortes* auf und schrieb Neuwahlen aus. Zu diesem Zeitpunkt war das Land als Folge der reaktionären Politik der beiden vorhergehenden Jahre zerrissener denn je. In einem Klima äußerster sozialer und politischer Spannung wurden die Bürger zum dritten (und letzten) Mal aufgerufen, ein neues republikanisches Parlament zu wählen.

Im Gegensatz zur Linken war die Rechte diesmal nicht in der Lage, gemeinsame Koalitionslisten zu erstellen. Das Ergebnis der Wahl war eindeutig: Abermals durch das Wahlgesetz begünstigt, erhielt die Linke eine überwältigende parlamentarische Mehrheit. Die neuen *Cortes* setzten sich aus 277 Abgeordneten der Volksfront, 132 der Rechten und 32 der Mitte zusammen. Obwohl die Sozialisten mit 90 Abgeordneten die stärkste Fraktion stellten, lehnten sie eine Mitarbeit in der Regierung ab. In Katalonien stellte Lluis Companys erneut die Regierung, in Madrid bildete Manuel Azaña mit seinen Linksrepublikanern wieder das Kabinett.

In den Monaten nach den Volksfrontwahlen wurde deutlich, daß die Reformpolitik der republikanischen Regierungen die drängenden strukturellen Probleme der spanischen Wirtschaft und Gesellschaft nicht lösen konnte. Die Arbeiterorganisationen wiederum konnten (und wollten) ihre Mitglieder nicht davor zurückhalten, die lange versprochenen, jedoch nicht realisierten Veränderungen – vor allem auf dem Agrarsektor – auf revolutionäre Weise in Angriff zu nehmen. Nach dem Februar 1936 überstürzten sich die Ereignisse: Landarbeiterstreiks, illegale Landbesetzungen, nachträgliche Legalisierungen von Enteignungsmaßnahmen waren an der Tagesordnung. Die Volksfrontregierung beschleunigte die Enteignungen im ersten Halbjahr ihrer Administration so sehr, daß zwischen März und Juli 1936 zahlenmäßig und ihrem Umfang nach mehr Ländereien enteignet wurden als in den vorausgegangenen fünf Jahren zusammen. Ihre eigentlich revolutionäre Akzentuierung gewann die Reform jedoch weniger durch die Maßnahmen der neuen Regierung als vielmehr durch die spontane Initiative landhungriger Agrarproletarier, die massenhaft auf eigene Faust Ländereien besetzten. Mit fieberhafter Aktivität berieten die *Cortes* 1936 über eine Revision der herrschenden Agrargesetze, bis durch den Militäraufstand der Versuch der Republik, die jahrhundertealten starren Agrarstrukturen zu ändern, in einer blutigen Katastrophe endete.

Am Vorabend des Bürgerkrieges standen sich zwei große politische Blöcke gegenüber: die Volksfront und die Nationale Front. In ersterer waren die Sozialisten und Kommunisten, die Republikanische Linke, die regionalistischen Kräfte und die Anarchisten (diese allerdings nur als Wähler) zusammengefaßt; zu letzterer gehörten die katholischen Konservativen, Monarchisten verschiedener Richtungen, die Rechtsrepublikaner und die faschistische *Falange*. Die *Falange*, die zu jenem Zeitpunkt noch völlig unbedeutend war, wußte zwar von den Putschabsichten, hatte allerdings keinen Einfluß darauf. Großgrundbesitzer und Monarchisten haben die Rebellion zweifellos begrüßt, zum engeren Kreis der Eingeweihten gehörten aber auch sie nicht. Der Aufstand der Militärs siegte in Marokko, Sevilla, Galicien, Navarra, der Insel Mallorca, in Teilen von Andalusien und den agrarischen Gebieten Altkastiliens (Burgos, Valladolid); Oviedo und Zaragoza konnten von den Aufständischen durch eine List eingenommen werden. Der gesamte Osten (Katalonien, Valencia, Murcia) und Norden (Baskenland, Santander, Asturien) sowie große Teile des Südens (Andalusien, Neu-Kastilien, Extremadura) blieben in Händen der Republik. Diese behielt vor allem die Kontrolle über die größeren Städte, die Wirtschaftszentren (Katalonien, Baskenland) und die Hauptstadt des Landes.

Die militärischen Aktionen des Bürgerkriegs lassen sich in vier Abschnitte einteilen, zwischen die sich einzelne „Gleichgewichtsphasen" schoben: In der ersten Phase, die bis Frühjahr 1937 reicht, konnten die Aufständischen ca. ein Drittel des Landes unter ihre Kontrolle bringen. Nachdem sie mit Hilfe deutscher Flugzeuge – die spanische Marine und Luftwaffe waren zum größten Teil republikanisch geblieben – die Fremdenlegion (*Tercio*) und die marokkanischen Truppen (*Regulares*) auf die Halbinsel übergesetzt hatten, eroberten sie den Westen (Badajoz) und stellten damit die Verbindung zwischen der Nord- und Südarmee her. General Gonzalo Queipo de Llano (1875–1951) nahm den Südwesten ein, General Emilio Mola (1887–1937) den Norden und Nordwesten (außer dem Baskenland, Santander und Asturien). Wiederholte Versuche, im Herbst 1936 bzw. im Frühjahr 1937 Madrid einzunehmen, scheiterten. Mit Hilfe der Internationalen Brigaden und unter der organisatorischen Leitung von General José Miaja (1878–1958) widerstand die Hauptstadt allen Angriffen.

In der zweiten Phase (Frühjahr 1937 – Frühjahr 1938) gelang den Nationalisten die Eroberung der Nordprovinzen. Am 26. April 1937 zerstörten deutsche Bomber der Legion Condor die heilige Stadt der Basken, Gernika. Mitte Juni 1937 wurde von den Nationalisten der „Eiserne Ring" um Bilbao durchbrochen und die industriewirtschaftlich bedeutsame Stadt eingenommen; im Herbst 1937 folgte die Eroberung Asturiens.

Als die Aufständischen Mitte April 1938 in der Provinz Castellón de la Plana zum Mittelmeer durchstoßen konnten, war Katalonien vom übrigen republikanischen Territorium abgeschnitten. Im Juli 1938 gelang den Republikanern ein letzter großer Sieg über die Nationalisten am Ebro. Danach befand sich das republikanische Heer nurmehr in der Defensive. Mitte November 1938 erfolgte der Rückzug der republikanischen Truppen über den Ebro, im Dezember setzte die nationalistische Offensive gegen Katalonien ein.

Die vierte und endgültige Phase fand zwischen Dezember 1938 und März 1939 statt. Katalonien wurde in relativ wenigen Wochen erobert, Barcelona fiel Ende Januar 1939. Anfang

März ergriff in Madrid eine *Junta* unter Oberst Segismundo Casado (1893–1968) die Macht; sie wollte, gegen den sinnlos gewordenen Durchhaltewillen von Ministerpräsident Juan Negrín (1887–1956) und der Kommunisten, einen Verständigungsfrieden mit Franco aushandeln. Dieser ließ sich aber auf das Verhandlungsangebot nicht ein; er besetzte die Hauptstadt Ende März 1939 und erklärte am 1. April den Bürgerkrieg für beendet.

Der militärische Verlauf des Krieges läßt sich von der politischen Entwicklung, vor allem von den revolutionären und konterrevolutionären Aspekten in beiden Bürgerkriegszonen nicht trennen. Bereits eine knappe Woche nach Kriegsbeginn entstand in der „nationalistischen Hauptstadt" Burgos unter der Leitung von General Miguel Cabanellas (1872–1938) eine provisorische *Junta*. In der von den Rebellen beherrschten Zone wurden Gewerkschaften verboten, Parteien aufgelöst, jeglicher Widerstand gewaltsam und blutig unterdrückt. Seit der Ernennung General Francos zum „Generalissimus" und unumschränkten Staatschef war seine Politik durch den Willen bestimmt, einerseits ein semifaschistisches System aufzubauen, andererseits die Abhängigkeit gegenüber Deutschland und Italien nicht allzu ausschließlich werden zu lassen. Eine besondere Rolle in den wechselnden innenpolitischen Konstellationen der Kriegs- und Nachkriegsjahre spielte eine Partei, zu der Franco ursprünglich keinerlei Beziehungen hatte: die *Falange*, deren Gründer und Chef José Antonio Primo de Rivera (1903–1936) in den ersten Kriegsmonaten von den Republikanern erschossen worden war. Franco bemächtigte sich nun der führerlosen und durch Fraktionskämpfe geschwächten Partei und vollzog in einer Überrumpelungsaktion im April 1937 mit Unterstützung seines Schwagers Ramón Serrano Suñer (geb. 1901) die Vereinigung der *Falange* mit den traditionalistischen Karlisten. Nach dieser Zwangsvereinigung mußte die „neue" *Falange* Ideologie und Zielsetzungen der „alten" *Falange* aufgeben; konservative und monarchistische Programmpunkte rückten in den Vordergrund. Mit der Einheitspartei verschaffte sich der *Caudillo* ein geeignetes Mittel, politische Aktivität jeder Art zu kontrollieren und zu beeinflussen; damit begann der Aufbau des „Neuen Staates" mit seiner diktatorialen Struktur.

Im Juli 1937 bezogen die spanischen Bischöfe (mit zwei Ausnahmen) in einem gemeinsamen Sendschreiben Partei zugunsten der Aufständischen, im Oktober 1937 erkannte der Vatikan Franco diplomatisch an. Damit hatte das nationalistische Regime auch formell die (faktisch schon längst bestehende) Unterstützung der Kirche gewonnen, die beim Aufbau des „Neuen Staates" – in der Armee, der Schule, der Partei etc. – allgegenwärtig war. Eine Verordnung von Mai 1938 ermöglichte dem verbannten Jesuitenorden die Rückkehr nach Spanien. Das neue, autoritäre Staatsgebilde stützte sich auf Partei, Kirche und Armee; diese Institutionen sicherten die Herrschaft des Großgrundbesitzes, der alten Aristokratie und Oligarchie, die in ihre traditionellen, vorrepublikanischen Rechte wieder voll eingesetzt wurden.

Während im Lager der Nationalisten zwangsweise alle politischen Kräfte unter einer Führung zusammengefaßt wurden, vollzog sich in der republikanischen Zone der entgegengesetzte Prozeß einer Desintegration der politischen Kräfte. Die Regierung Santiago Casares Quiroga (1884–1950) sah sich bei Kriegsbeginn zum Rücktritt gezwungen; die Ein-Tages-Regierung von Diego Martínez Barrio (1883–1962) nahm nicht einmal die Amtsgeschäfte auf und wurde am 19. Juli 1936 von der lediglich aus bürgerlichen Republikanern bestehenden Regierung José Giral (1879–1962) abgelöst, die bis Anfang September 1936 im Amt blieb. Angesichts seines Mißerfolgs bei dem Versuch, internationale Hilfe für die Republik zu erlangen, wich Giral dem sozialistischen Gewerkschaftsführer Francisco Largo Caballero, dessen Regierung aus Liberalen, Republikanern, Kommunisten und Sozialisten Anfang November 1936 – zum ersten Mal in der Geschichte – durch Vertreter der anarchistischen Organisationen CNT und FAI erweitert wurde. Mitte Mai 1937 wurde Largo Caballero von den Kommunisten gestürzt; die nun folgende „Regierung des Sieges" des sozialistischen Ministerpräsidenten Juan Negrín blieb (bei wiederholten Umbildungen) bis zum Ende des Kriegs im Amt.

Im weiteren Kriegsverlauf gingen die Haltungen der verschiedenen politischen Kräfte im republikanischen Lager immer weiter auseinander; streckenweise kann man eher von einem Gegen- als von einem Miteinander der einzelnen Parteien und Gruppierungen sprechen. In diesem internen Machtkampf gelang es den Kommunisten, aus ihrer anfangs unbedeutenden Position zum beherrschenden politischen Faktor in der republikanischen Zone zu werden. Hierzu trugen die für die Republik lebenswichtigen sowjetischen Waffenlieferungen ebenso wie die Tatsache bei, daß die Kommunistische Partei zu einem Sammelbecken der gemäßigten und kleinbürgerlichen Elemente im republikanischen Lager wurde, daß sie die Organisation der Internationalen Brigaden übernahm und wesentlichen Anteil am Aufbau der republikanischen Armee hatte.

Wichtiger als die Unterschiede in der politischen Entwicklung beider Zonen waren die Divergenzen auf sozialem und wirtschaftlichem Gebiet. Denn während die Konterrevolution in der Franco-Zone nahezu alle (legal und illegal vorgenommenen) Eigentumsveränderungen der letzten Vorkriegsmonate radikal rückgängig machte, war der Putsch der Generäle in der republikanischen Zone zugleich Katalysator einer sozialen Revolution von links, deren Träger vor allem die gewerkschaftlich organisierten Arbeiter waren. Innerhalb weniger Wochen wurde in dem republikanisch gebliebenen Gebiet das bestehende politische, soziale und ökonomische System weitgehend abgeschafft und die traditionelle Form der Herrschaft liquidiert. Die Regierungen in Madrid und Barcelona blieben zwar bestehen, die tatsächliche Machtausübung ging vorübergehend aber an neue soziale Gruppen und Institutionen über. Die „libertäre" Revolution der radikaldemokratischen Kräfte richtete sich nicht (nur) gegen den Militärputsch, sondern gegen die Grundlagen der bestehenden kapitalistischen Ordnung, den Großgrundbesitz und das Privateigentum an Produktionsmitteln. Ihr Ziel war ein „sozialistisches" Wirtschafts- und herrschaftsfreies Gesellschaftssystem. Charakteristika der schnell um sich greifenden Revolution waren auf wirtschaftlichem Gebiet die Kollektivierungsmaßnahmen in der Landwirtschaft, der Industrie und in vielen Dienstleistungsunternehmen, auf dem politischen Sektor der Aufbau eines lokalen und regionalen Selbstverwaltungssystems, das heterogene, räteähnliche Organe (comités) an die Stelle der abgesetzten oder geflohenen Staatrepräsentanten setzte. Zum Hauptgegner dieser Revolution entwickelten sich im eigenen Lager sehr bald die moskauhörigen Kommunisten des PCE und die übrigen Parteien der Volksfront, die (aus im einzelnen sehr unterschiedlichen Gründen) zu Verfechtern des Privateigentums und der Interessen des Mittelstandes und des Kleinbürgertums wurden.

Daß das im Juli 1936 praktisch schon gescheiterte *pronunciamiento* doch zu einem Bürgerkrieg ausgeweitet und die Auseinandersetzung damit zugleich „internationalisiert" wurde, hing mit dem Eingreifen ausländischer Mächte zusammen. Deutschland und Italien unterstützten seit Kriegsbeginn die Aufständischen, die UdSSR half ab Spätherbst 1936 der Republik; England, Frankreich und die USA bekannten sich zum Prinzip der sog. „Nichteinmischung".

Zu Recht konzentrieren sich besonders viele Studien auf das Eingreifen der Achsenmächte. Vor allem das frühe deutsche Eingreifen in die innerspanische Auseinandersetzung war eine wesentliche Voraussetzung dafür, daß der Aufstand nicht schon bald nach seinem Beginn wieder zusammenbrach. Weitgehende Einigkeit besteht in der Forschung darüber, der deutsch-italienischen Militär- und Truppenhilfe an Franco kriegsentscheidenden Charakter zuzusprechen.

Obwohl die deutsche Intervention in Spanien am meisten Polemiken hervorgerufen hat, waren es die Italiener, die sich insgesamt viel mehr engagierten und eine größere Anzahl an Personen und Material nach Spanien sandten als jede andere Macht. Die militärische Unterstützung durch Mussolini kam Franco nicht nur direkt, sondern insofern auch indirekt zugute, als sie die Nationalsozialisten zu einer Fortsetzung und Verstärkung ihrer Hilfeleistungen bewog. In diesem Sinne war die diplomatische und militärische Unterstützung durch Italien ein entscheidender Faktor für Francos Sieg.

Unbefriedigend ist immer noch die Forschungslage zur sowjetischen Politik, da die Archive der früheren UdSSR noch längst nicht voll ausgewertet worden sind. Über die Motive und Absichten Stalins in Zusammenhang mit seiner Spanienpolitik weiß man bisher wenig mehr als das, was schon in der Phase des ‚Kalten Krieges' eher in akkusatorischer als in analytischer Intention verbreitet wurde.

Nach wie vor ist der genaue Umfang der sowjetischen Militärhilfe an die Republik nicht bekannt. In den ersten Monaten des Bürgerkrieges schloß sich die Sowjetunion der französisch-„neutralistischen" Politik an und trat dem Nichteinmischungsausschuß bei. Denn: Die revolutionäre Bewegung, die im republikanischen Herrschaftsgebiet Spaniens als Reaktion auf den Generalsputsch einsetzte, konnte die um Respektierung und weltweite Integrierung bemühte Sowjetunion in erhebliche Schwierigkeiten bringen, lag es in den kapitalistischen Staaten doch nahe, einen Zusammenhang zwischen der Revolution von links und dem rapiden Aufstieg der Spanischen Kommunistischen Partei – die wiederum Kominterndirektiven befolgte – zu erblicken. Um handelspolitische Restriktionen durch die Westmächte oder Störungen der politischen Beziehungen von Anfang an zu verhindern, unterstützte die Sowjetunion die Republik vorerst nicht.

Anfang Oktober 1936 vollzog Stalin sodann einen radikalen Wandel in seiner Spanienpolitik und unterstützte die Republik bis März 1938. Aus der allgemeinen Orientierung der sowjetischen Außenpolitik jener Jahre läßt sich schließen, daß Stalin durch die Unterstützung der spanischen Republik auch Großbritannien und Frankreich zu Hilfeleistungen an die Republik ermuntern und somit eine Koalition zwischen den westlichen Demokratien und der Sowjetunion gegen die faschistischen Staaten erreichen wollte.

Neben die sowjetrussische Hilfe trat die Unterstützung durch die Internationalen Brigaden, die 40000–60000 Freiwillige (die Schätzungen gehen weit auseinander) aus vielen Ländern vereinigten (ca. 5000 Deutsche). Die Anwerbung fand vor allem in Frankreich statt; Sammlung und Ausbildung erfolgten in Albacete. Im November 1938 wurden sie auf Beschluß der spanischen Regierung, die damit ein allgemeines Einmischungsverbot erreichen wollte, aufgelöst.

Das „Nichtinterventionskomitee" trat erstmals am 9. November 1936 in London zusammen. Das Prinzip der Nichteinmischung und die Tätigkeit des Komitees verhinderten aber weder die begrenzte sowjetische (und zum Teil französische) Unterstützung der legalen republikanischen Regierung noch vor allem die massive, kriegsentscheidende deutsch-italienische Hilfe für die Aufständischen. Das Komitee diente den Westmächten vor allem zur Rechtfertigung ihrer eigenen Passivität und zur Ignorierung der „inoffiziellen" Unterstützung der Rebellen. Außerdem sollte es die Ausbreitung des spanischen Konflikts auf europäische Ebene verhindern.

Die Auswirkungen des ausländischen Eingreifens auf die beiden kriegführenden Lager waren quantitativ wie qualitativ unterschiedlich: Der Einsatz russischen Materials auf republikanischer Seite war für die Verteidigung Madrids entscheidend, und es ermöglichte die wenigen republikanischen Offensiven, zu denen es überhaupt im Kriegsverlauf kam (Brunete, Teruel, Ebro). Die Tatsache, daß die Republik weitgehend von sowjetischer Hilfe abhing, verschaffte der UdSSR einen überragenden Einfluß auf die Innen-, Sozial- und Wirtschaftspolitik in der republikanischen Zone. Die Internationalen Brigaden wiederum waren nicht nur militärisch hilfreich, sondern sie vermittelten ihren Kampfgenossen darüber hinaus ein Gefühl der moralischen Überlegenheit, das für die psychologische Kriegsführung besonders wichtig war.

Die Hilfe, die die Nationalisten aus dem Ausland erhielten, war bei weitem entscheidender als die Unterstützung, die den Republikanern zuteil wurde. Franco wurde nicht nur von den Achsenmächten, sondern (direkt oder indirekt) von Engländern, amerikanischen Gesellschaften sowie französischen, belgischen und Schweizer Finanzkreisen unterstützt. Die Politik der Sowjetunion und die Haltung der Westmächte, deren ökonomische Interessen bei Franco letztlich besser aufgehoben waren als bei einer zunehmend von Kommunisten beeinflußten Volksfrontregierung, sind wesentlich für den Untergang der spanischen Republik mitverantwortlich. Diese Politik konnte ihr stets proklamiertes Ziel: die Erhaltung des Friedens, nicht erreichen. Wenige Monate nach Beendigung des Spanischen Bürgerkrieges begann der Zweite Weltkrieg.

IX. Die Franco-Ära (1939–1975)

Bei seiner Machtausübung verstand es Diktator Franco geschickt, die verschiedenen Gruppierungen und sozialen Kräfte gegeneinander auszuspielen und für seine eigenen Interessen einzusetzen. In der faschistischen Frühphase des Regimes stützte er sich vor allem auf die *Falange*, die nach 1939 sehr schnell ihre ursprünglich „nationalsyndikalistisch"-sozialrevolutionäre Orientierung einbüßte. Im Krieg waren über 60 Prozent der falangistischen „Althemden" gefallen, massiver Zustrom ließ nach 1939 die Ausrichtung der einzig zugelassenen Partei weitgehend diffus erscheinen.

Die *Falange* war für den Sieg Francos im Bürgerkrieg zwar wichtig gewesen, aber nicht ausschlaggebend. Diese eingeschränkte Rolle bewirkte, daß im Franco-Regime neben der dominierenden traditionell-oligarchischen und militärischen Herrschaftsgruppe der faschistische Flügel von Anfang an eine untergeordnete Position im Machtkartell des „Neuen Staates" einnahm. Fortan kennzeichneten drei Charakteristika die neue Einheitspartei: Unterordnung unter die in Franco personifizierte militärische Macht, interner Pluralismus (vom Karlismus bis hin zum Faschismus), Ausübung vieler Funktionen im Dienste nicht der Partei, sondern des „Neuen Staates".

Die Entwicklung und Entfaltungsmöglichkeit der faschistischen Partei hing nicht nur von der Mächtekonstellation im Franquismus ab; in den vierziger Jahren wurde ihr Schicksal weit mehr von der Entwicklung des ‚internationalen' Faschismus bestimmt. Mit der Wende im Weltkrieg (1942/43) und dem allmählichen Niedergang der Achsenmächte büßte der faschistische Flügel zusehends an Einfluß ein. Die ‚Entfaschi-

sierung' erfolgte in drei Schritten: Zuerst wurden die faschistischen Linksfalangisten aus allen Einflußpositionen verdrängt
und politisch kaltgestellt; sodann ließ das Regime faschistische
Phraseologie und Symbolik fallen; schließlich verschwand die
Falange als Einzelpartei immer mehr hinter der diffusen Kol-
lektivbezeichnung *Movimiento*. Spanien wurde 1945 bereits
offiziell zu einem „sozialen und katholischen Staat" erklärt.

Daß Franco im Zuge der „Entfaschisierung" seines Regimes
auf die *Falange* zusehends verzichten konnte, hängt damit zusammen, daß er sich primär auf das Militär stützte. Die erste
Kriegsregierung bestand fast ausschließlich aus Soldaten, und
auch als nach 1938 die meisten Ministerposten mit Zivilisten
besetzt wurden, behielten Militärs Schlüsselpositionen (vor allem das Innenministerium) in der Regierung. Von den 113
Ministern der Franco-Ära waren immerhin 33 Militärs. Außerdem kontrollierte die Armee weitgehend die Sicherheits-
kräfte, nahm einen Teil der öffentlichen Verwaltung wahr und
übte wichtige Funktionen in öffentlichen Unternehmen aus.

Nach 1939 nahm das Militär eine privilegierte Stellung ein;
es war in höchsten Positionen vertreten. Trotz seiner herausra-
genden Stellung ist jedoch in der weiteren Entwicklung des
Franco-Regimes ein auffälliges Phänomen zu konstatieren: Der
militärische Anteil am Staatshaushalt ist nach 1945 konstant
niedrig geblieben, die Militärs hatten keinen hohen Stellenwert
bei der Konzipierung der politischen Leitlinien des Regimes,
und selbst das Sozialprestige der Offiziere ist ständig gesunken.

Die rebellierenden Militärs wurden von einer breiten Front
politisch rechts stehender Gruppierungen unterstützt, die später die verschiedenen „politischen Familien" des Regimes bildeten. Eine der Institutionen, die den frühen Franquismus mit-
trugen, war die katholische Amtskirche, die über 20 Jahre lang
zu den wirkungsvollsten Stützen der franquistischen Herrschaft gehörte und deren Legitimationsbeschafferin war. Die
Kirche hat sich nach 1939 als eine Märtyrerorganisation des
Bürgerkriegs verstanden und für die Leiden und Verluste an
Kirchengut und Priestern vom Staat erhebliche Konzessionen
im Bereich von Gesellschaft und Erziehung einräumen lassen.

In den Jahren nach 1939 fand ein Machtkampf zwischen *Falange* und Kirche um die Ausrichtung und die führenden Positionen des Regimes statt. Um gegen die Falange anzukämpfen, bediente sich der Episkopat der Laienorganisationen. Die wichtigste war die Nationale Katholische Vereinigung von Propagandisten (*Asociación Católica Nacional de Propagandistas*, ACNP), die zu einer bedeutenden Säule des neuen Staates wurde und ihre Mitglieder geschickt in Führungspositionen der Gesellschaft lancierte. Vor allem lieferten die katholischen Laienorganisationen dem neuen politischen System die größte Anzahl an Personen mit politischer und Regierungserfahrung aus der Zeit vor 1936.

Die Vorstellung verschiedener „politischer Familien" des Regimes läßt deutlich werden, daß man im franquistischen Fall nicht vorbehaltlos von einem faschistischen System sprechen kann. Denn: Auch wenn *Falange/Movimiento* eine „Einheitspartei" war, übte sie nie die unumstrittene Herrschaft im Staate aus; auch gelang ihr nie eine Mobilisierung der Massen wie etwa der NSDAP im „Dritten Reich"; viel eher könnte von einer weitverbreiteten politischen Apathie gesprochen werden. Des weiteren fehlte es dem Regime an einer umgreifenden, einheitlichen und verbindlichen Ideologie, da allzuviele gegensätzliche politische Kräfte in der „Bewegung" zusammengeschlossen waren. Der Staat erwies sich als unfähig, das Erziehungssystem voll zu kontrollieren; er überließ es größtenteils der Kirche. Schließlich kam der Partei auch keine entscheidende Bedeutung bei der Rekrutierung der politischen Elite zu. – An die Stelle der Bezeichnung des Franco-Regimes als „faschistisch" ist in der Literatur häufig „autoritär" getreten – eine Charakteristik, die primär auf die mittlere und spätere Phase des Franquismus, weniger auf die Frühphase angewandt wird. Für diese hat sich bei einigen Autoren die Bezeichnung „nationalkatholisch" durchgesetzt. Der Nationalkatholizismus war eine Mentalität, die von vielen politischen Sektoren des Regimes geteilt wurde. Unabhängig davon aber, wie das Regime charakterisiert werden mag, bleibt festzuhalten: Der Franquismus, auch der frühe, war ein konservativerer und zugleich weniger faschistischer Regimetypus als der von Hitler oder Mussolini.

Der Eklektizismus des Regimes wird auch im ökonomischen Bereich sichtbar. Eine rein faschistische Wirtschaftspolitik betrieb das Regime nie, wenn es vorerst auch viele Einzelmaßnahmen faschistischen Rezepturen entnahm, vor allem, wenn sie dem Paternalismus der Oberschichten entsprachen. Die neue Wirtschaftsordnung trug alle Merkmale eines Amalgams aus unspezifischen Zielvorstellungen der *Falange*, aus Besitzinteressen, Traditionalismus und Pragmatismus. Staat und Privatunternehmer blieben als Wirtschaftssubjekte nebeneinander bestehen. Als eigentliche Gewinner des Bürgerkrieges wird man Großgrundbesitz und Finanzbourgeoisie bezeichnen können. Diesen ging es um eine Wiedererlangung vorrepublikanischer Macht- und Wirtschaftsverhältnisse.

Obwohl Spanien nicht am Zweiten Weltkrieg teilnahm, erlebte das Land als Folge des Bürgerkrieges, der politischen Isolierung durch das Ausland und des Ausschlusses von der Marshallplanhilfe nahezu zwei Jahrzehnte wirtschaftlicher Stagnation. Im Gegensatz zu anderen neutralen Ländern war der Zweite Weltkrieg für Spanien nicht mit einem wirtschaftlichen Aufschwung verbunden.

Zwischen 1939 und 1959 betrieb die Regierung eine Autarkiepolitik im Sinne einer radikalen Importsubstitution und der systematischen Verringerung der Weltmarktverflechtung in allen Bereichen. Angesichts der externen Rahmenbedingungen lag es zwar nahe, eine nationalistische Wirtschaftspolitik mit den Kernpunkten Autarkie und Staatsinterventionismus zu verfolgen; in erster Linie war dieses Konzept aber von den sozialen und wirtschaftlichen Vorstellungen der Falange bestimmt, die davon ausging, daß die Wirtschaft sich der Politik unterzuordnen habe, die Produktion im Dienste des Vaterlandes stehen und die Industrialisierung Ausdruck des nationalen Prestiges sein müsse.

Um die Politik der Autarkie durchzusetzen, griffen die Behörden in den Wirtschaftsprozeß ein. Das Ergebnis dieser Politik der Wirtschaftslenkung war ein Sinken des allgemeinen Lebensstandards, eine laufende Erhöhung der (offiziell inexistenten) Arbeitslosigkeit, Fehlinvestitionen großen Stils, Mängel in der Qualität der Industrieerzeugnisse, Stagnation von Forschung und Entwicklung, ein ungenügendes Niveau von Produktion und Produktivität sowie – durch Schwarzmärkte, Privilegierungen und Spekulationen – Untergrabung der Wirtschaftsmoral.

1951 war der Mißerfolg eines Jahrzehnts wirtschaftlicher Isolierung offenkundig geworden. Eine Wendung zum Besseren schien nur mit ausländischer Hilfe und nach einer gewissen Eingliederung in den Weltmarkt möglich zu sein. Diese ausländische Hilfe erfolgte 1953 durch das Stützpunktabkommen mit den USA, das nicht unbeträchtliche Wirtschaftshilfe an Spanien vorsah. Dieses Abkommen enthielt neben technischen Bestimmungen eine Fülle von Vorschriften, die eine Neuorientierung der spanischen Wirtschaftspolitik zur Folge haben mußten. Die spanische Regierung verpflichtete sich, die Währung zu stabilisieren, einen gültigen Wechselkurs festzusetzen und aufrechtzuerhalten, das Regierungsbudget sobald wie möglich ins Gleichgewicht zu bringen, innere finanzielle Stabilität zu schaffen, allgemein: das Vertrauen in das Währungssystem wiederherzustellen.

Die Verträge des Jahres 1953 mit den USA – parallel dazu erfolgte das Konkordat mit dem Vatikan – hatten für die Stabilisierung des Regimes eher politische als wirtschaftliche Bedeutung. 1956/57 führten enorme Preissteigerungen, die in keiner Weise durch entsprechende Lohnerhöhungen aufgefangen wurden, zu sozialen Unruhen unter den Arbeitern, die zeitlich mit einer universitären Protestbewegung gegen den offiziellen Studentenverband zusammenfielen. Während sich die Arbeiter höhere Löhne erkämpften, führte außenwirtschaftlich das ungleiche Verhältnis von Importen und Exporten zu einem enormen Handelsbilanzdefizit; der Staat konnte die Zahlungsbilanz nicht mehr ausgleichen; er stand, nachdem auch die Devisenreserven stark zurückgegangen waren, vor dem finanziellen Zusammenbruch. Als die erzwungenen allgemeinen Lohnerhöhungen von 1956 die spanische Volkswirtschaft außerdem noch in eine schwere Krise stürzten und das Lohnsystem heftige Kritik erfuhr, wurde die Notwendigkeit einer Änderung der Wirtschaftspolitik immer offensichtlicher. Die Regierung stand nunmehr vor der Frage, ob sie zur alten, von der Falange vertretenen Linie wirtschaftlicher Isolierung zurückkehren oder diese endgültig aufgeben und sich dem Wirtschaftsliberalismus verschreiben sollte. Die weitreichende Regierungsumbildung des Jahres 1957 ließ bereits die Antwort auf diese Frage erkennen. Wegen seiner grundsätzlichen Bedeutung war das Revirement des Jahres 1957 nicht nur die wichtigste Regierungsumbildung der Franco-Ära, sondern zugleich der Beginn eines grundlegenden Kurswechsels in der Wirtschaftspolitik.

Bei dieser Regierungsumbildung verloren die Fraktion der katholischen Integralisten aus den Reihen der *Asociación Católica Nacional de Propagandistas* (ACNP), die nach 1939 enorm begünstigt worden waren, und vor allem die falangistische Fraktion an Einfluß; die wirtschaftspolitisch entscheidenden Ministerien für Handel und Finanzen gingen an Alberto Ullastres (geb. 1914) bzw. Mariano Navarro Rubio (geb. 1913), die der Organisation angehörten, die im folgenden Jahrzehnt die Schalthebel der Macht innehaben sollte: dem *Opus Dei* [Gotteswerk]. Die Männer des *Opus Dei* waren die eigentlichen Exponenten jener „technokratischen" Ideologie, deren Verfechter seit den späten fünfziger Jahren offen auf eine durchgreifende Modernisierung der antiquierten spanischen Wirtschaftsstruktur hinarbeiteten, eine forcierte ökonomische Expansion auf der Grundlage eines selbständigen, aber vom Staat geförderten Unternehmertums anstrebten und Spanien enger an Europa, vor allem an den Gemeinsamen Markt, heranführen wollten. Wirtschaftstheoretisch förderte das *Opus* den Neoliberalismus, der angesichts der volkswirtschaftlich archaischen Autarkievorstellungen der vierziger und fünfziger Jahre zweifellos innovatorisch wirkte; das „Gotteswerk" verband dabei ökonomischen Liberalismus mit politischem Konservativismus. Dementsprechend wurde die wirtschaftliche Modernisierung des Landes auf Kosten politischer Demokratie und sozialer Gerechtigkeit forciert.

Die Autarkiepolitik der vierziger und frühen fünfziger Jahre war nicht nur am Mangel wichtiger Rohstoffe und Maschinen, sondern vor allem auch am Protektionismus gescheitert. Der Übergang zu einer liberalen Wirtschaftspolitik erforderte nun vor allem eine Reorganisation des Finanzwesens, eine Verwaltungsreform im Sinne der Auflösung staatlicher Kontrollinstanzen und eine Liberalisierung des Außenhandels. Ende Juni 1959 stellte die spanische Regierung in einem Memorandum an die Organisation für Wirtschaftliche Zusammenarbeit und Entwicklung (OECD) und den Internationalen Währungsfonds (IWF) die geplanten Stabilisierungsmaßnahmen vor. Das einen Monat später verabschiedete „Wirtschaftsstrukturgesetz", das unter der Bezeichnung „Stabilisierungsplan" bekannt wurde, stand unter der Devise „Wachstum und Stabilität". Mit dieser „wirtschaftlichen Öffnung" verband sich eine grundlegende, am Vorbild der Wirtschaft der westlichen Industriestaaten ausgerichtete Neuorientierung der Wirtschaftspolitik.

Zunächst hatten die Maßnahmen eine einschneidende Rezession zur Folge. Die unmittelbar Leidtragenden waren die Arbeiter und Kleinunternehmer; Produktionssenkungen führten zu umfangreichen Entlassungen; Reduktion der Überstunden und Kurzarbeit bedeuteten für viele Industriearbeiter weitere Lohneinbußen, die Reallöhne sanken. Die sozialen Spannungen nahmen nach Auslaufen des Stabilisierungsplans (1961) und dem deutlichen Anstieg der Preise erheblich zu. Am meisten begünstigt wurden zunächst die investierenden Unternehmer. Erst mittel- und langfristig konnten auch die übrigen gesellschaftlichen Gruppen von den Folgen des Plans profitieren.

Auf den Stabilisierungsplan von 1959 folgte nach 1962 als Phase des wirtschaftlichen „take-off" eine Periode des Aufschwungs mit starker unternehmerischer Konzentration und Zentralisation des Kapitals. Die Maßnahmen im außenwirtschaftlichen Bereich beseitigten die Autarkie und führten zur Eingliederung Spaniens in das internationale kapitalistische System. Die Produktion orientierte sich stärker am Export, der vom Staat intensiv gefördert wurde. Emigrationsabkommen mit europäischen Ländern förderten die Auswanderung der

Reservearmee an Arbeitslosen; die Devisen aus den Emigrantenüberweisungen und der touristischen Invasionen wiederum besserten die Zahlungsbilanz auf. Kurzum: Für Spanien hatte das Jahrzehnt des „Wirtschaftswunders" begonnen, das den Anschluß des Landes an entwickelte Industriestaaten als Ergebnis hatte.

Die wirtschaftliche Entwicklung unter dem Franquismus hatte gewaltige gesellschaftliche Auswirkungen: In den letzten fünfzig Jahren erfolgte in Spanien eine sektorale Verschiebung der erwerbstätigen Bevölkerung, die einzigartig in der Geschichte des Landes ist. Dabei verlief die stetige Zunahme des Anteils der in der Industrie beschäftigten Personen parallel zur abnehmenden Entwicklung der erwerbstätigen Agrarbevölkerung. 1950 war noch fast die Hälfte aller registrierten Arbeitskräfte im Primärsektor des Landes beschäftigt. Mitte der fünfziger Jahre setzte dann die wirtschaftlich bedingte Ab- und Auswanderung der Landarbeiter ein, zahlreiche landwirtschaftliche Klein- und Kleinstbetriebe wurden aufgelöst, Hunderttausende kleiner Landwirte gaben ihre unrentablen Minifundien auf und wanderten in die entstehenden Industriezentren ab.

In ihrer überwiegenden Mehrheit wurden der Bevölkerung, vor allem im ersten Nachkriegsjahrzehnt, unsägliche Opfer abverlangt. Die Arbeiterschaft erlebte ausgesprochene Hungerjahre und vegetierte zumeist am Rande des Existenzminimums dahin. Mit der Lebensmittelknappheit und der Ausbreitung blühender Schwarzmärkte war der Rückfall weiter Landgebiete in Subsistenzwirtschaft, Tauschhandel und soziale Inaktivität verbunden. Das im Bürgerkrieg schon militärisch unterlegene Agrar- und Industrieproletariat und das städtische Kleinbürgertum wurden nach 1939 auch wirtschaftlich ausgeblutet, die Reallöhne sanken kontinuierlich.

Über eines waren sich die unterlegenen Kräfte schnell im klaren: Eine Besserung ihrer Situation würde durch das franquistische Siegerregime nicht herbeigeführt werden. Es galt vielmehr, den Widerstand gegen die Unterdrücker zu organisieren. Die Organisierung des Widerstandes war jedoch ausgesprochen schwierig. Dies lag zum einen an den repressiven Methoden des Regimes, zum anderen an der Schwäche, Zerstrittenheit und Orientierungslosigkeit der oppositionellen Kräfte. Die Hoffnungen, die die antifranquistische Opposition mit dem Ende des Zweiten Weltkrieges in die Alliierten gesetzt hatten – von ihnen erwarteten sie eine bewaffnete Intervention zum Sturz Francos –, mußten seit 1947/48 enttäuschter Ernüchterung weichen. Es war offensichtlich geworden, daß weder ein Volksaufstand im Inneren noch eine bewaffnete Intervention von außen zu erwarten war. Erst in den fünfziger Jahren, als wirtschaftspolitisch die „große Wende" erfolgte, änderten die oppositionellen Kräfte ihre Strategie, die nunmehr darauf hinorientiert war, die beschränkten legalen Möglichkeiten – etwa Mitarbeit im vertikalen Syndikat – auszunützen.

Im Gefolge des spanischen „Wirtschaftswunders", das den Übergang vom Agrar- zum Industrieland brachte, nahm die Demographie Spaniens immer ausgeprägter die Muster entwickelter Industrienationen an: Erhöhung der Lebenserwartung, Nachlassen der Geburtenhäufigkeit, Anwachsen der älteren Bevölkerung, Rationalisierung des generativen Verhaltens. Neben den demographischen Veränderungen waren es vor allem die massenhaften Wanderungsbewegungen, die das heutige Bild der spanischen Bevölkerungsstruktur prägen. Von besonderer Bedeutung wurden die Migrationsbewegungen im Innern des Landes. Der über Jahre steigende Bedarf an Industriekräften sowie die gleichzeitige Wirtschaftskrise in den agrarischen Gebieten setzten eine breite Wanderungswelle vom Land in die Stadt in Bewegung, die zu hochgradiger Verdichtung der spanischen Bevölkerung in wenigen Provinzen, zu gewaltigen Verschiebungen im Siedlungsgefüge und in deren Gefolge zu einer hohen Urbanisierungsrate führte.

Mit dem wirtschaftlichen Aufschwung der sechziger Jahre, den sozialen und demographischen Veränderungen, der stärkeren Durchlässigkeit der Grenzen für Menschen und Ideen war der Immobilismus der ersten Nachkriegsjahre einer zunehmenden Mobilisierung der Bevölkerung, einem bewußteren politischen und sozialen Auftreten gewichen. Die geistige und materielle Unruhe äußerte sich zuerst unter Studenten und Arbeitern; erst viel später griff sie auf andere soziale Schichten und Gruppierungen über, erfaßte jedoch allmählich in der einen oder anderen Form nahezu jeden gesellschaftlichen Bereich.

Das Ende des Bürgerkrieges hatte die gewaltsame Unterdrückung jeglicher freien gewerkschaftlichen Tätigkeit gebracht, die Interessen der Arbeiterschaft konnten nicht legal zum Ausdruck gebracht werden. Der Franquismus richtete Zwangssyndikate ein, in denen unter Aufsicht des „nationalsyndikalistischen Staates" Arbeiter und Unternehmer zusammengeschlossen waren. Der Staat selbst behielt sich die Festsetzung von Löhnen und Preisen vor. Trotz des Streikverbots kam es aber immer wieder zu Arbeitskämpfen. Auch die Unternehmer zeigten sich an größerer Flexibilität gegenüber den Forderungen der Arbeiterschaft interessiert. 1956 fiel das staatliche Lohndiktat, 1957 erhielten die Syndikate das Recht übertragen, Lohn- und Arbeitsbedingungen in „Kollektivverträgen" weitgehend selbständig (wenn auch nach wie vor unter staatlicher Kontrolle) zu regeln. Soziale Konflikte nahmen zu, und in den folgenden Jahren erfolgte ein Aufschwung der Arbeiterbewegung, der angesichts der politischen Umstände (staatliche Repressionen, Koalitions- und Streikverbot) ein erstaunliches historisches Phänomen darstellt. Aus den illegalen Arbeitskämpfen seit Ende der fünfziger Jahre ging eine neue und authentische Form der Interessenvertretung der Arbeiterschaft hervor: die Arbeiterkommissionen (*Comisiones Obreras*, CCOO). Diese breiteten sich in der ersten Hälfte der sechziger Jahre über das ganze Land aus. Ihre Stärke lag zweifellos darin (mit-)begründet, daß sie Arbeiter sämtlicher ideologischer Richtungen vereinigten. Neben den Kommunisten bildeten linkskatholische Strömungen den größten Anteil in den CCOO; viele ihrer Treffen fanden auch in Kirchen und Klöstern statt.

1967 wurden die Arbeiterkommissionen verboten, ihre Mitglieder diskriminiert oder ins Gefängnis geworfen. Damit wurde diese neue ‚soziopolitische' Bewegung gegen ihren Willen in den Untergrund gedrängt, von wo aus sie in den letzten Jahren des Franquismus allerdings stetig an Bedeutung zunahm, so daß sie im Übergang von der Diktatur zur Demokratie eine entscheidende Rolle spielen konnte.

Der wesentliche Grund für die Zunahme des Konfliktpotentials in den sechziger Jahren dürfte in der Partialität der Modernisierungsmaßnahmen gelegen haben, die den soziopolitischen Bereich im wesentlichen aussparten. Die Intensivierung von Teilprozessen der Modernisierung seit Ende der fünfziger Jahre führte nämlich zu einer Verschärfung der Klassengegensätze und der Regionalismusproblematik. Vor allem Katalonien und das Baskenland kämpften zusehends militanter und aggressiver gegen die zentralstaatliche Diktatur Francos an. Dessen Regime betrieb von Anfang an eine systematische und brutale Politik der Unterdrückung des Katalanischen und des Baskischen. Die Repressionsmaßnahmen lassen sich sowohl als Racheschläge gegen die im Bürgerkrieg auf der Seite der Republik kämpfenden Regionen wie als Versuch deuten, endgültig und kompromißlos Spanien als zentralistischen Einheitsstaat zu etablieren. In beiden Regionen kam es nach 1939 zu massenhaften „Säuberungen" in Verwaltung und öffentlichen Institutionen, viele Zeugnisse der Regionalkultur wurden zerstört oder verboten, der Gebrauch der Regionalsprachen bei Behörden und in der Öffentlichkeit mit Strafen belegt.

Zuerst reagierte die Bevölkerung beider Regionen auf ihre systematische Diskriminierung und auf die Negierung ihrer kulturellen Eigenständigkeit in durchaus vergleichbarer Weise, indem sie sich bei Volksabstimmungen der Stimme enthielt oder in die „zivile" Gesellschaft (Vereine, Verbände) zurückzog. Während sich jedoch in Katalonien auch in der Folgezeit der Kampf im wesentlichen auf die Bewahrung und Verteidigung der Regionalsprache und -kultur konzentrierte, war es im Baskenland die Geheimorganisation ETA (*Euskadi Ta Askatasuna* – „Baskenland und Freiheit"), die durch Gewaltaktionen und ständig zunehmende Terrormaßnahmen das Regime in erhebliche Bedrängnis brachte, schließlich klar in die Defensive verwies.

Zur Abwendung der Studenten vom Regime, der Arbeiterschaft und der wirtschaftlich wichtigsten Regionen gesellte sich, vor allem seit dem II. Vatikanischen Konzil (1962–1965), ein Teil der katholischen Kirche, die sich anschickte, eine neue Funktion im Staat zu übernehmen. Hatte in den ersten zwanzig Jahren des franquistischen Regimes die Hauptfunktion der Kirche in der Legitimierung der etablierten Macht bestanden, so wurde die Kirche in der zweiten Phase des Regimes der bevorzugte Ort einer reformistisch gesinnten Opposition gegenüber dem Franquismus. Die politische Funktion, die die Kirche in dieser Zeit ausübte, war eher kritischer als legitimierender Art, und es ging nicht nur um die Verteidigung religiöser Interessen gegenüber dem Staat, sondern um die Vertretung vor allem sozialer Belange weiter Bevölkerungsschichten, die keine direkte Repräsentation im System hatten. Die Kirche wurde zu einer Art „Volkstribun", zum Verteidiger von Gruppen, denen die Staatsmacht gesetzliche Formen politischer Meinungsäußerungen vorenthielt.

Betrachtet man die beiden auffälligsten Erscheinungen der sechziger Jahre – den spektakulären Aufschwung der spanischen Wirtschaft und die enorme Zunahme des Krisen- und Widerstandspotentials quer durch alle sozialen Schichten und Gruppierungen – zusammen, so läßt sich unschwer erkennen, daß es dem Regime nicht gelungen ist, die erstaunlichen ökonomischen Fortschritte in eine wirtschaftliche Legitimierung des politischen Systems umzusetzen. Das Ergebnis der franquistischen Politik widersprach in nahezu jedem Punkt den ursprünglichen Intentionen: Am Ende der Franco-Herrschaft war die spanische Gesellschaft politisierter, urbanisierter und säkularisierter denn je, die Arbeiter und Studenten waren so aufsässig wie noch nie, die Autonomie- und Selbständigkeitsbewegungen der Regionen ausgeprägter als zu jedem anderen Zeitpunkt der neueren spanischen Geschichte, Sozialisten und Kommunisten bei den ersten Wahlen nach Francos Tod so erfolgreich wie nie zuvor, die spanische Wirtschaft finanziell und technologisch vom internationalen Kapitalismus in geradezu beängstigendem Ausmaß abhängig.

Die Modernisierung der franquistischen Diktatur führte somit nicht, wie ihre Architekten erhofft hatten, zu ihrer Konsolidierung, sondern zu ihrer Unterminierung. Der Franquismus hat sich demnach (zumindest in seinen letzten Jahren) nicht sosehr wegen seiner Modernisierungsmaßnahmen als vielmehr trotz der Modernisierungsfolgen bis zum physischen Tod des Diktators halten können.

X. Monarchie und Demokratie (1975–1999)

Der friedliche Übergang vom autoritären Franco-Regime in eine liberal-parlamentarische Monarchie hat in den Jahren nach dem Tod des Diktators die internationale Aufmerksamkeit auf Spanien gelenkt und verstärktes Interesse von Publizisten und Sozialwissenschaftlern hervorgerufen. Das Besondere des Regimewandels bestand darin, daß er unter Leitung und Kontrolle der franquistischen Institutionen und eines Teils der in ihnen vorherrschenden politischen Elite durchgeführt wurde, formal somit innerhalb der von Franco errichteten Legalität vor sich ging und mit dem autoritären Verfassungsrecht des Franquismus nicht brach – was wohl der wesentliche Grund dafür war, daß die Streitkräfte nicht eingriffen, sondern die Veränderungen (wenn auch widerwillig) akzeptierten –, inhaltlich jedoch nicht eine Reform oder Revision des franquistischen Systems darstellte, sondern – unter Bruch mit den Strukturprinzipien des autoritären Regimes – dessen Ersetzung durch eine neue, auf demokratischen Prinzipien basierende Regierungsform war.

Die Weichen für den politischen Wandel waren lange vor Francos Tod gestellt worden; spätestens seit der Ermordung (1973) des engen Franco-Vertrauten Luis Carrero Blanco (1903–1973) durch die wohl spektakulärste Aktion der ETA war die Zukunft des Regimes ungewiß. Die Jahre ab 1969 werden auch als „Vorphase des Übergangs" bezeichnet; damals wurde in Spanien der Ausnahmezustand verkündet, Prinz Juan Carlos de Borbón (geb. 1938) zum königlichen Nachfolger Francos bestimmt, die Diskussion über „politische Assoziationen" als Parteisurrogate in Gang gesetzt – Maßnahmen, die erkennen lassen, daß das Regime für die Zeit nach Ableben des Diktators eine modifizierte und vor allem von oben kontrollierte Form des „Franquismus nach Franco" anstrebte. Zaghafte Reformversuche der letzten franquistischen Regierung (1974/75) unter Carlos Arias Navarro (1908–1989) dürfen nicht darüber hinwegtäuschen, daß das Regime zu Lebzeiten des Diktators nur unwesentliche Formveränderungen vornahm, in seinen Grundstrukturen aber unverändert blieb.

Der Tod Francos bedeutete noch nicht das Ende des Franquismus, war aber Katalysator der folgenden Reformentwicklungen. Bereits in seiner Thronrede vom 22. November 1975 kündigte König Juan Carlos I. eine Öffnung und Demokratisierung des politischen Systems an; dieses Programm wurde dann in der Regierungserklärung von Dezember 1975 konkretisiert (Reform der repräsentativen Institutionen, Gewährung des Vereinigungsrechts, Ausweitung der Freiheiten und Rechte der Bürger), machte in der ersten Hälfte des Jahres 1976 jedoch unter der noch stark dem alten System verpflichteten Führung des aus dem Franquismus „übernommenen" Ministerpräsidenten Arias Navarro nur wenig Fortschritte. Die Frage, die sich für den König und die politisch Verantwortlichen stellte, lautete: Bruch mit dem Franquismus (wie es die Opposition forderte) oder Kontinuität bei unwesentlichen Korrekturen am System (was die Rechte erstrebte)? Die schließlich eingeschlagene Lösung verzichtete auf die abrupte Demontage des Franco-Systems, setzte stattdessen auf den langsamen Wandel, auf das kompromißhafte Aushandeln von Änderungen, auf den „paktierten" Übergang. Die *transición* erfolgte als Reform; ihre Originalität bestand darin, daß sie politisch als Verhandlung zwischen Regierung und Vertretern des alten Regimes einerseits, den Kräften der demokratischen Opposition andererseits erfolgte, daß sie verfassungsrechtlich mittels den in den franquistischen „Grundgesetzen" für deren Revision vorgesehenen Mechanismen stattfand, so daß die franquistische Legalität für ihre eigene Ersetzung durch eine neue, demokratische Legalität instrumentalisiert wurde.

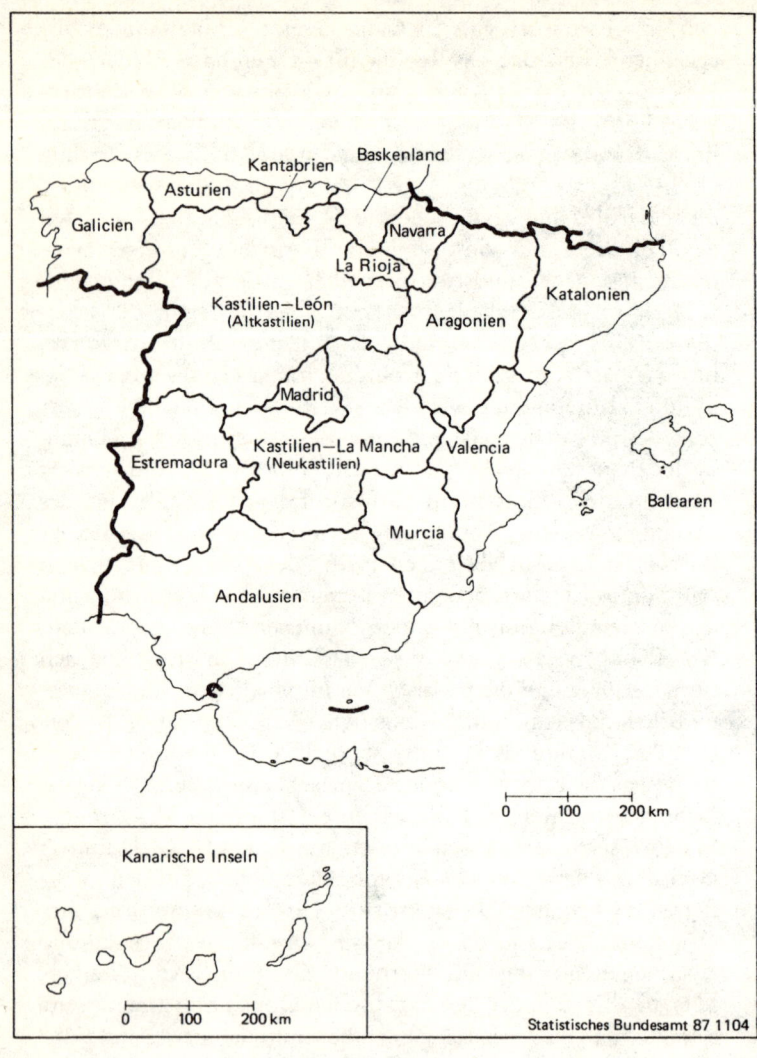

Autonome Regionen

Die erste, entscheidende Maßnahme im Prozeß des Übergangs war die Ablösung von Arias Navarro durch den ebenfalls aus dem alten Regime stammenden, aber reformfreudigen Adolfo Suárez (geb. 1932) im Amt des Ministerpräsidenten (Juli 1976). Suárez' Strategie, die bereits im „Projekt für die politische Reform" (September 1976) zum Ausdruck kam, war dualer Art: Einerseits mußte er die erforderliche Unterstützung seitens der Franquisten für die geplanten, als „Reform" dargestellten Änderungen erwirken, andererseits zielte er auf Duldung des eingeschlagenen, inhaltlich als „Bruch" dargestellten Prozesses seitens der demokratischen Opposition ab.

Im November 1976 stimmten die *Cortes* dem „Gesetz über die politische Reform" zu, das die Ersetzung der Ständekammer durch ein allgemein gewähltes Zweikammerparlament (mit verfassunggebenden Vollmachten) vorsah; bei einem Referendum (Dezember 1976) über das Gesetz sprachen sich bei einer hohen Wahlbeteiligung (über 77 Prozent) mehr als 95 Prozent der Abstimmenden für das Reformprojekt aus. Mit der Annahme des Reformgesetzes gilt die erste Phase der *transición* als beendet.

In der danach beginnenden zweiten Phase hing die Dynamik des Wandels weit mehr als zuvor vom (zuerst impliziten, später expliziten) Konsens zwischen Regierung und demokratischer Opposition ab. *Consenso* wurde fortan zum Schlüsselwort aller wichtigen, den Übergang bestimmenden Entscheidungen. Die Hauptstationen in dieser zweiten Phase waren die Zulassung von Parteien und Gewerkschaften, die Parlamentswahlen von 1977, die soziopolitischen „Moncloa-Pakte" (Oktober 1977) und die Verfassung von 1978. Inzwischen hatte sich die demokratische Opposition im Frühjahr 1976 zur „Demokratischen Koordination" (*Coordinación Democrática*) zusammengeschlossen und ihre Absicht bekundet, Spanien auf friedlichem Weg in einen demokratischen Staat umzuwandeln.

Aus den Wahlen von 1977 ging die erst kurz zuvor gegründete Union des Demokratischen Zentrums (*Unión de Centro Democrático*, UCD) von Ministerpräsident Adolfo Suárez mit 34,7 Prozent der abgegebenen Stimmen als Siegerin hervor; die

Sozialistische Partei PSOE kam mit 28,8 Prozent überraschend auf den zweiten Platz. Das neue Parlament hatte als wichtigste Aufgabe die Ausarbeitung einer Verfassung vor sich, nach deren Verabschiedung im Dezember 1978 Neuwahlen (März 1979) stattfanden, die der UCD mit 35 Prozent erneut die Mehrheit brachten.

Während der ersten Jahre nach Francos Tod stand die schwierige Änderung der politischen Strukturen, die oft genug einer gefährlichen Gratwanderung glich und alle politischen Energien absorbierte, im Vordergrund; Sanierung und Modernisierung der Wirtschaft (vor allem im Hinblick auf den angestrebten und 1986 schließlich vollzogenen EG-Beitritt) wurden 1976/77 vernachlässigt. Die Übergangsphase zur Demokratie fiel auch mit zweistelligen Inflationsraten, zahllosen Konkursverfahren, wilden Streiks und einem rapiden Anstieg der Arbeitslosigkeit zusammen. Die ökonomische Entwicklung und vor allem ihre sozialen Auswirkungen blieben äußerst kritisch: Arbeitslosigkeit und Drogenkonsum wurden zum Hauptproblem der Jugend; im Land mit der höchsten Arbeitslosenquote Westeuropas hat heute nicht einmal die Hälfte der unter Zwanzigjährigen Aussicht auf eine Lehrstelle oder einen Arbeitsplatz. In den Großstädten wurde die Zunahme von Delikten wie Straßenraub, Einbruch und Autodiebstahl zu einer alltäglichen Erscheinung.

Das zweite große Problem der *transición*, neben der Bewältigung der Wirtschaftskrise, war die Autonomiefrage, die sich besonders dringlich im Baskenland mit der beängstigenden Zunahme an ETA-Attentaten und Ermordungen, und in Katalonien, bald aber auch in anderen Regionen des Landes stellte. Nach heftigen und jahrelangen Auseinandersetzungen erfolgte schließlich eine integrale Regionalisierung des Landes, d. h. eine regionalpolitische Neuordnung Gesamtspaniens. Inzwischen ist Spanien ein Staat von 17 Autonomen Gemeinschaften, deren Rechte und Pflichten in Autonomiestatuten festgeschrieben sind.

Das Ende der *transición* wird unterschiedlich angesetzt: Für die meisten ist es mit der Verabschiedung der Verfassung Ende

1978 erreicht; andere geben 1981 an, nachdem die spanische Demokratie in der Abwehr des Tejero-Putsches (23. Februar 1981) ihre Bewährungsprobe bestanden hatte; wieder andere sprechen von 1982, da in jenem Jahr die Sozialisten die Regierungsgewalt übernahmen und damit ein in liberal-parlamentarischen Demokratien übliches Alternieren in der Regierung zwischen „linken" und „rechten" Parteien begann.

Als eigentliche Architekten des Übergangs zur Demokratie gelten vielen Beobachtern König Juan Carlos und Ministerpräsident Adolfo Suárez; hinzuzufügen sind in jedem Fall die politische Mäßigung des spanischen Volkes und die Selbstverpflichtung der politischen Pole – der Rechten von *Alianza Popular* durch Manuel Fraga Iribarne (geb. 1922) und der Kommunisten durch Santiago Carrillo (geb. 1915) – auf das demokratische Reformprogramm. Zwei wichtige Voraussetzungen waren für das Gelingen der Übergangsleistung entscheidend: Zum einen liegen die tieferen Gründe für den politischen Wandlungsprozeß in den strukturellen Veränderungen von Wirtschaft und Gesellschaft; von entscheidender Bedeutung war das Vorhandensein einer „modernen" und weitgehend säkularisierten Gesellschaft. Zum anderen ließ die nachwirkende traumatische Erfahrung mit der Gewalt, insbesondere während des Bürgerkrieges und in den ersten, stark repressiven Nachkriegsjahren, bei allen Beteiligten die Neigung zu Kompromissen deutlich steigen.

Nachdem zu Beginn der achtziger Jahre im Bereich der politischen Mitte die Union des Demokratischen Zentrums – jene Partei, die unter der Führung von Adolfo Suárez die wesentlichen Maßnahmen im Prozeß der Transition durchgeführt hatte – zwischen der Notwendigkeit von Reformen und den eigennützigen Interessen konservativer Gruppen zerrieben worden war, wurden die Wahlen von 1982 zwischen der rechten Volksallianz (*Alianza Popular, AP*) und der Sozialistischen Partei unter ihrem jungen Generalsekretär Felipe González (geb. 1942) entschieden. Die Sozialisten errangen die absolute Mehrheit der Parlamentssitze und regierten das Land bis 1996.

Diese lange Epoche der PSOE-Regierungstätigkeit läßt sich unter zwei Rubriken zusammenfassen:

Sozial- und wirtschaftspolitisch ging es um eine längst überfällige Modernisierung, d.h. um die erforderliche strukturelle Anpassung an die Weltwirtschaft; außen- und sicherheitspolitisch standen zuerst der Eintritt in die Europäischen Gemeinschaften und der Verbleib in der NATO, später dann die Integration in die supranationalen Organisationen der westlichen Hemisphäre zur Debatte. In beiden Bereichen sollte es zu erheblichen Friktionen und Widersprüchen kommen; die Sozialisten betrieben weder die Politik, die ihre rechten Kritiker drohend vorhergesagt hatten, noch führten sie die Maßnahmen durch, die ihre linken Anhänger erhofften.

Als besonders problematisch erwies sich der Wirtschaftsbereich. Der Regierung mußte es primär darum gehen, die Industrie wieder wettbewerbsfähig zu machen; das aber bedeutete, daß die Sozialisten sich vor allem mit denen anzulegen hatten, die ihnen zur Macht verholfen hatten: Bis Anfang 1988 entließen die staatlichen Betriebe 60 000 Beschäftigte, nachdem sie Jahr für Jahr Verluste gemacht hatten; die in der Staatsholding INI zusammengefaßten Unternehmen waren 1983 etwa mit fast 2,9 Milliarden Mark in den roten Zahlen; dazu gehörten beispielsweise die Fluggesellschaft Iberia, die Automobilfirma Seat, die Werftindustrie und der Bergbau.

Das Hauptziel der Wirtschafts- und Sozialpolitik der Regierung konnte nicht erreicht werden: die Reduzierung der Arbeitslosigkeit. Im Gegenteil: Nach zweijähriger sozialistischer Amtszeit gab es Ende 1984 schon 500 000 Beschäftigungslose mehr; mit 21 Prozent Arbeitsuchenden stellte Spanien damit einen traurigen europäischen Rekord. Die Situation wird zwar durch die „Schattenwirtschaft" (*economía sumergida*), die unregistrierte Tätigkeit von Schwarzarbeitern wie von „Einzelunternehmern" (etwa Handwerker oder Putzfrauen), erleichtert, doch nur ein Drittel der Arbeitslosen ist versichert, was wieder schwere soziale Belastungen zur Folge hat. Während die Rechtsopposition viele wirtschaftsliberale Maßnahmen begrüßte, ging die sozialistische Gewerkschaft UGT offen auf

Kollisionskurs mit dem marktwirtschaftlichen Sanierungs- und Austeritätsprogramm der Regierung. 1988 kam es zum ersten Generalstreik seit 40 Jahren.

Blickt man auf die lange Regierungszeit des PSOE zurück, so drängt sich ein ambivalenter Eindruck auf: Einerseits ist auf beachtliche Erfolge zu verweisen, die es der Partei ermöglicht haben, die unter demokratischen Verhältnissen außerordentlich lange Zeit von fast 14 Jahren zu regieren. Andererseits ist eine Negativbilanz unübersehbar, die schließlich zur Abwahl des PSOE führte. Im sozio-ökonomischen Bereich etwa wird deutlich, daß Spaniens Sozialisten die Restriktionen des Weltmarkts und den Modernisierungsdruck durch den EG-Beitritt als handlungsbestimmend betrachteten. Dementsprechend konzentrierte sich die Politik in einer ersten Phase auch auf die Modernisierung der Wirtschaft, und erst für eine zweite Etappe war der umfassende Aufbau eines Wohlfahrtsstaats vorgesehen. Dementsprechend war auch der ökonomische Modernisierungsschub in der Ära González gewaltig: Das Bruttoinlandprodukt Spaniens stieg seit Mitte der achtziger Jahre im Jahresdurchschnitt um 2,9 Prozent (EU-Durchschnitt: 2,4 Prozent), die Inflationsrate konnte halbiert werden, die Devisenreserven vervierfachten, der Außenhandel verfünffachte, die jährlichen Auslandsinvestitionen verachtfachten sich. Das Wohlstandsniveau der Bevölkerung wurde spürbar erhöht.

Auch außenpolitisch ist die Bilanz der Ära González erfolgreich: Zuerst ist die Verbesserung des internationalen Ansehens Spaniens durch das „Superjahr" 1992 (Olympiade in Barcelona, Weltausstellung in Sevilla, Madrid Kulturhauptstadt Europas) zu nennen. Sodann ist auf die besonders erfolgreiche Europa-Politik des überzeugten Europäers González zu verweisen. Selbst innenpolitische Gegner gestanden der sozialistischen Außenpolitik große Erfolge zu: Das Gewicht Spaniens in der Europäischen Union hat zugenommen, für den Friedensprozeß im Nahen Osten war Spanien ein bedeutender Vermittlungspartner, seit einiger Zeit ist der angesehene Außenpolitiker Javier Solana (geb. 1942) NATO-Generalsekretär, Spanien hat an allen wichtigen NATO-Aktionen mitgewirkt.

Die Ära González weist allerdings auch eine andere Seite auf: Bei Regierungsantritt der Sozialisten (1982) betrug die Staatsverschuldung 31,4 Prozent des Bruttoinlandproduktes, am Ende ihrer Regierungszeit (1996) lag sie bei 65 Prozent – trotz langjährigen Wachstums, milliardenfacher Unterstützung aus der Brüsseler EU-Kasse und eines stark gestiegenen Steuerdrucks. Im Hinblick auf die Maastrichter Konvergenzkriterien blieb die spanische Wirtschaft deutlich hinter den Mindestanforderungen zurück, eine Teilnahme an der vorgesehenen Währungsunion erschien lange Zeit unwahrscheinlich. Arbeitslosigkeit und Sozialabbau für die Verlierer des ökonomischen Modernisierungsprozesses waren auch die Hauptgründe, weswegen sich zuerst die Gewerkschaften und allmählich immer breitere Schichten der Gesellschaft von der Regierungspolitik abwandten.

Zu der somit nicht uneingeschränkt positiven Bilanz im sozio-ökonomischen Bereich gesellten sich seit Anfang der neunziger Jahre stets kritischere Aspekte im politischen Sektor. Immer häufiger wurden in der Öffentlichkeit Vorwürfe wie Vetternwirtschaft, Gefälligkeitskorruption, Arroganz, provozierende Zurschaustellung von Privilegien, Leistungsunfähigkeit in der Staatsverwaltung, technokratisches Amtsverständnis, mangelnde soziale Sensibilität, Förderung des konsumistischen und materialistischen Denkens und Verhaltens laut.

In den neunziger Jahren sah sich die Regierung ständigen Krisen ausgesetzt. Die Korruptionsaffären rissen nicht ab. Ende 1994 gesellte sich zu den zahlreichen Vorwürfen der Verdacht des Staatsterrorismus: Im Auftrag oder zumindest mit Billigung des staatlichen Polizeiapparats soll die 1983–1987 aktive Terrorgruppe *Grupos Antiterroristas de Liberación* (GAL; „Antiterroristische Befreiungsgruppen") Attentate gegen Mitglieder der baskischen Organisation ETA mit dem Ziel verübt haben, die baskische Unabhängigkeitsbewegung durch gezielten Gegenterror zu zerschlagen.

Die nicht abreißende Kette von Skandalen und Verdächtigungen führte zu erheblichen Einbrüchen des PSOE in der Wählergunst. Dafür gewannen die Konservativen des *Partido*

Popular (PP, „Volkspartei") zunehmend an politischem Einfluß. Die Partei war nach verschiedenen Umbenennungen 1989 aus der früheren „Volksallianz" (*Alianza Popular*) Fraga Iribarnes hervorgegangen. Nachdem unter der Führung dieses Altfranquisten offensichtlich kein großer Stimmenzugewinn zu erreichen war, öffnete sich die neu konstituierte Partei zur Mitte und präsentierte sich pausenlos als Alternative für die Mittelschichten.

1989 wurde der Regierungschef von Kastilien-León, der junge Finanzinspektor José María Aznar (geb. 1953), von Fraga zum PP-Kandidaten für das Amt des Ministerpräsidenten bei den bevorstehenden Parlamentswahlen bestimmt. Der *Partido Popular* konnte bei den Parlamentswahlen von Oktober 1989 zwar in keiner Weise die Vorherrschaft des PSOE gefährden, aber mit knapp 5,3 Millionen Wählerstimmen und 106 Abgeordnetenmandaten sein Ergebnis von 1986 leicht verbessern. Damit war für Aznar der Weg zum PP-Parteivorsitz frei, Fraga wurde Ehrenvorsitzender.

Um nicht von dem Negativsog der Sozialisten, der spätestens seit 1993 klar erkennbar war, erfaßt zu werden, kündigte im Herbst 1995 der katalanische Regierungschef Jordi Pujol (geb. 1930), dessen Partei seit 1993 die Sozialisten im Parlament tolerierte, die Unterstützung der Regierung González durch seine Partei auf. Damit wurden vorgezogene Neuwahlen unausweichlich. Bei den Wahlen vom 3. März 1996 wurde die Volkspartei zwar zur stärksten politischen Kraft; ihr Vorsprung vor den Sozialisten fiel jedoch weit geringer als allgemein erwartet aus. Der *Partido Popular* erhielt 38,85 Prozent der Stimmen und damit 156 von 350 Sitzen, die Sozialistische Partei 37,48 Prozent beziehungsweise 141 Sitze. Mit den vorgezogenen Neuwahlen und dem Regierungswechsel kehrte in Spaniens Politik wieder Ruhe ein. Die Krisenstimmung und das spannungsgeladene Klima der vorhergehenden Jahre waren überwunden.

Der knappe Wahlsieg des PP hatte zur Folge, daß Aznar parlamentarische Unterstützung von den bürgerlichen Nationalisten Kataloniens, des Baskenlandes und der Kanarischen

Inseln brauchte. Die Mehrheit im Parlament konnte die neue Regierung nur nach langen Verhandlungen (besonders mit den katalanischen Regionalisten) und mit der Zusage großzügiger Finanzleistungen für die Autonomen Regionen erreichen.

Bei seinem Regierungsantritt fand Aznar positive volkswirtschaftliche Zahlen vor: Die Aktienkurse waren auf einem historischen Höchststand, die Zinsen fielen auf das niedrigste Niveau seit mehreren Jahren, die Pesete stieg auf ein neues Jahreshoch. Mit rund 2,2 Millionen arbeitslos gemeldeten Personen erreichte die Arbeitslosigkeit Mitte 1996 den niedrigsten Stand seit 1982. Zurückgeführt wurde die Senkung der Arbeitslosenzahlen auch auf die schnellen Arbeitsmarktreformen der Regierung (drastische Liberalisierung des Arbeitsrechts, Legalisierung von „Lehrlingsverträgen" mit Taschengeldbezahlungen). Durch Ausgabenkürzungen und Gebührenerhöhungen wurde das Defizit auf die von Maastricht erlaubten drei Prozent des Inlandprodukts gedrückt.

Der Regierungswechsel von 1996 führte in Spanien zum Gefühl einer Zeitenwende. Die Rückkehr der Konservativen an die Macht war für das Land insofern von großer psychologischer Bedeutung, als damit „Normalität" unter demokratischen Bedingungen demonstriert werden konnte, nachdem zuvor die Überzeugung weitverbreitet gewesen war, die Rechte sei in Spanien nicht mehrheitsfähig. Die neuerliche Erfahrung eines geordneten Regierungswechsels war für die Spanier ein deutlicher Beleg für das Funktionieren ihrer demokratischen Institutionen.

Blickte man im Verlauf der neunziger Jahre auf die letzten sechzig Jahre spanischer Geschichte zurück, auf die Zeit der Republik (in ihren Friedens- und Bürgerkriegsjahren), auf die lange Epoche der franquistischen Diktatur und auf die erregenden Jahre des friedlichen Übergangs in eine parlamentarisch-demokratische Monarchie, und verglich man sodann den Ausgangspunkt mit dem Endpunkt, so präsentierte sich dem Betrachter ein merkwürdig-widersprüchliches Bild: In den Jahren der Zweiten Republik war Spanien in politischer Hinsicht ein modernes Land. Im wirtschaftlichen Bereich wies es demgegenüber noch alle Merkmale einer rückständigen, international nicht konkurrenzfähigen Struktur auf, und auch im gesellschaftlichen Sektor überwogen die Merkmale der Traditionalität.

In der Schlußphase des Franquismus, also rund vierzig Jahre später, hatten sich die Vorzeichen geradezu umgekehrt. Unabhängig davon, welche der sozio-ökonomischen Modernitätsindices herangezogen werden, war Spanien gesellschaftlich und wirtschaftlich ein modernes Land. Ganz anders sah demgegenüber der Befund im politischen Bereich aus. Das autoritäre Herrschaftssystem des Franquismus, das wie eine eiserne Glocke über die Gesellschaft gestülpt worden war, hatte nur wenige optische Retuschen erfahren, der Diktator war über Jahrzehnte hinweg unangefochten im Besitz der politischen Macht geblieben. Wiederum zehn Jahre später, also Mitte der achtziger Jahre, zeigte Spanien ein abermals radikal verändertes Gesicht. Die Immobilität des Franquismus, seine Unfähigkeit, eine politische Entwicklung einzuleiten und das Land aus der politischen Totenstarre des Bürgerkrieges herauszuführen, war nach dem Ableben des Diktators schnell überwunden worden und hatte einem dynamischen Reformismus Platz gemacht, der das Land innerhalb weniger Jahre zu einer parlamentarischen Demokratie werden ließ. In historischer Perspektive ist das Ergebnis der *transición* somit die „Gleichziehung" der politischen mit der ökonomischen Entwicklung. In diesem Sinne erhielt bzw. übernahm Spanien durch den Übergang in die Demokratie die Strukturen der ‚westlichen' Welt.

Insgesamt hat die Entwicklung der politischen Kräfteverhältnisse in den bisherigen zwei Jahrzehnten spanischer Demokratie einen „vernünftigen" Verlauf genommen. Die Wähler haben bei den ersten Wahlen im Übergang zur Demokratie (1977, 1979) einer Koalition der rechten Mitte (UCD) mehrheitlich ihre Stimmen gegeben; die Regierungen unter Adolfo Suárez konnten die neue demokratische Legalität ohne allzu große Erschütterungen durchsetzen, was einer Linksregierung wegen der wahrscheinlich größeren Widerstände von seiten der Vertreter des alten Regimes wohl nicht gelungen wäre. Als besonders günstig erwies es sich dabei, daß die UCD im damaligen Parlament über keine absolute Mehrheit verfügte, weshalb sie zu einer Politik des „Konsenses" mit den anderen politischen Kräften gezwungen war.

Als genauso günstig erwies es sich, daß der PSOE 1982 und während der gesamten achtziger Jahre mit absoluten Mehrheiten regieren konnte, da eine Linksregierung die erforderlichen Wirtschaftsreformen leichter als eine Rechtsregierung durchführen konnte. Da die Sozialisten auf keine Koalitionspartner Rücksicht nehmen mußten, sie außerdem über die Macht in den meisten Autonomen Gemeinschaften verfügten, konnten sie die notwendigen Reformen im sozio-ökonomischen Bereich konsequent durchführen. Unter dieser Perspektive des „vernünftigen" Wählens war es für Spanien wohl auch gut, daß der seit langem vorhergesagte Sieg der Konservativen 1996 eher knapp ausfiel, da der *Partido Popular* auf diese Weise seine zentralistischen und allzu konservativen Positionen zurücknehmen und sich der Mitte annähern mußte. Sowohl die letzte Regierung der Sozialisten (1993–1996) als auch die der Konservativen seit 1996 waren zur Beschaffung parlamentarischer Mehrheiten auf „Legislaturpakte" angewiesen, durch welche die Parteien Kataloniens und des Baskenlandes in die Madrider Regierungsverantwortung mit eingebunden wurden. Die gesamtstaatlichen Parteien (PSOE, PP) wurden genauso wie die regionalistischen Parteien in ein Verantwortungsbündnis gezwungen, das beiden Seiten zahlreiche Kompromisse und Mäßigung abnötigte. Profitiert hat davon bis heute die spanische Demokratie.

Literatur

Allgemeine Werke

Artola, Miguel (Hrsg.): *Enciclopedia de historia de España.* 7 Bde. Madrid 1993

Bernecker, Walther L. u. a.: *Spanien-Lexikon.* München 1991

Bernecker, Walther L.: *Religion in Spanien.* Gütersloh 1995

Bernecker, Walther L./Pietschmann, Horst: *Geschichte Spaniens. Von der frühen Neuzeit bis zur Gegenwart.* Stuttgart 2. Aufl. 1997

Bernecker, Walther L./Carlos Collado Seidel/Paul Hoser (Hrsg.): *Die spanischen Könige. 18 historische Porträts vom Mittelalter bis zur Gegenwart.* München 1997

Bleiberg, Germán (Leitung): *Diccionario de Historia de España.* 3 Bde., Madrid 1979

Heine, Hartmut: *Geschichte Spaniens in der frühen Neuzeit 1400–1800.* München 1984

Martín, José Luis/Martínez Shaw, Carlos/Tusell, Javier: *Historia de España.* Madrid 1998

Menéndez Pidal, Ramón (Hrsg.): *Historia de España.* Bde. 17–39. Madrid 1969–1993

Suárez Fernández, Luis (Hrsg.): *Historia General de España y América.* Bde. 5–19. Madrid 1981–1987

Tuñón de Lara, Manuel (Hrsg.): *Historia de España.* Bde. 5–10. Barcelona 1980–1983

Spezialliteratur

Abendroth, Hans-Henning: *Hitler in der spanischen Arena.* Paderborn 1973

Artola, Miguel: *Los orígenes de la España contemporánea.* Madrid 1975

Bernecker, Walther L.: *Sozialgeschichte Spaniens im 19. und 20. Jahrhundert.* Frankfurt am Main 1990

Bernecker, Walther L.: *Krieg in Spanien 1936–1939.* Darmstadt 1991

Biescas, José Antonio/Tuñón de Lara, Manuel (Hrsg.): *España bajo la dictadura franquista (1939–1975).* Barcelona 1980

Brandi, Karl: *Kaiser Karl V. Werden und Schicksal einer Persönlichkeit und eines Weltreiches.* 2 Bde., München 1937

Braudel, Fernand: *Das Mittelmeer und die mediterrane Welt in der Epoche Philipps II.* Frankfurt am Main 1994

Brenan, Gerald: *Die Geschichte Spaniens. Über die sozialen und politischen Hintergründe des Spanischen Bürgerkrieges.* Berlin 1978

Carande, Ramón: *Carlos V y sus banqueros.* 3 Bde., Barcelona 1990

Carr, Raymond: *Spain, 1808–1975.* Oxford 1983

Domínguez Ortíz, Antonio: *Crisis y decadencia en la España de los Austrias*. Madrid 1969.

Domínguez Ortíz, Antonio: *Carlos III y la España de la Ilustración*. Madrid 1990

Elliott, John H.: *The Count-Duke of Olivares. The Statesman in an Age of Decline*. New Haven 1986

Erlanger, Philippe: *Isabella die Katholische*. Gernsbach 1989 (Originalausgabe Paris 1987)

González Encinar, José Juan (Leiter): *Diccionario del sistema político español*. Madrid 1984

Herr, Richard: *The Eighteenth Century Revolution in Spain*. Princeton 1960

Jackson, Gabriel: *The Spanish Republic and the Civil War 1931–1939*. Princeton 1965

Kamen, Henry: *Felipe de España*. Madrid 1997

Ladero Quesada, Miguel A.: *Das Spanien der Katholischen Könige*. Innsbruck 1992

Leicht, Hans: *Isabella von Kastilien, Königin am Vorabend der spanischen Weltmacht*. Regensburg 1994

Lynch, John: *Bourbon Spain, 1700–1808*. Oxford 1989

Lynch, John: *Spain 1516–1598. From Nation State to World Empire*. Oxford 1991

Malefakis, Edward: *Agrarian Reform and Peasant Revolution in Spain. Origins of the Civil War*. New Haven 1970

Nadal, Jordi: *La población española. Siglos XVI al XX*. Barcelona 1966

Parker, Geoffrey: *Der Aufstand der Niederlande. Von der Herrschaft der Spanier zur Gründung der Niederländischen Republik 1549–1609*. München 1979

Pérez, Joseph: *Ferdinand und Isabella, Spanien zur Zeit der Katholischen Könige*. Lizenzausgabe München 1995, vormals München 1989

Pfandl, Ludwig: *Philipp II. Gemälde eines Lebens und einer Zeit*. München 1938

Pieper, Renate: *Die spanischen Kronfinanzen in der zweiten Hälfte des 18. Jahrhunderts (1753–1788)*. Stuttgart 1988

Preston, Paul: *Franco, »Caudillo de España«*. Barcelona 1994

Rabe, Horst (Hrsg.): *Karl V. Politik und politisches System*. Konstanz 1996

Tuñón de Lara, Manuel u. a.: *Der Spanische Bürgerkrieg. Eine Bestandsaufnahme*. Frankfurt am Main 1987

Tusell, Javier: *Juan Carlos I. La restauración de la monarquía*. Madrid 1995

Vones, Ludwig: *Geschichte der Iberischen Halbinsel im Mittelalter (711–1480), Reiche – Kronen – Regionen*. Sigmaringen 1993

Waldmann, Peter (Hrsg. u. a.): *Sozialer Wandel und Herrschaft im Spanien Francos*. Paderborn 1984

Personenregister